Le Prince balafré

Du même auteur

Emmanuel le hardi, Éditions de l'Observatoire, 2021 ; Points, 2022.
Journal d'un observateur, Éditions de l'Observatoire, 2018 ; Points, 2019.
Grandeur, déclin et destin de la Ve République. Un dialogue, avec Édouard Balladur, Éditions de l'Observatoire, 2017 ; Perrin, « Tempus », 2018.
Les Pathologies politiques françaises, Plon, 2016 ; Perrin, « Tempus », 2017.
Une histoire personnelle de la Ve République, Plon, 2014 ; Points, 2015.
Portraits-souvenirs, 50 ans de vie politique, Plon, 2012 ; Perrin, « Tempus », 2013.
Cartes sur table, avec Patrice Duhamel (entretiens avec Renaud Revel), Plon, 2010.
La Marche consulaire, Plon, 2009 ; Pocket, 2010.
Les Prétendants 2007, Plon, 2006 ; Pocket, 2007.
Le Désarroi français, Plon, 2003.
Derrière le miroir : les hommes politiques à la télévision, Plon, 2001.
Une ambition française, Plon, 1999 (Prix du livre politique).
François Mitterrand. Portrait d'un artiste, Flammarion, 1997 ; J'ai Lu, 1999.
La Politique imaginaire. Les mythes politiques français,
Flammarion, 1995 (Prix de l'essai de l'Académie française) ; Folio, 1996.
Les Peurs françaises, Flammarion, 1993 (Prix du Mémorial) ; Folio, 1994.

(suite en fin d'ouvrage)

Alain Duhamel
de l'Institut

Le Prince balafré

Emmanuel Macron et les Gaulois (très) réfractaires

ISBN : 979-10-329-2006-0
Dépôt légal : 2023, septembre
© Éditions de l'Observatoire/Humensis 2023
170 *bis*, boulevard du Montparnasse, 75014 Paris

Pour 𝄞

Introduction
Les Français et leurs présidents

Les Français n'ont jamais été tendres avec leurs présidents. Critiques par nature, égalitaristes par tempérament, mécontents par principe, ils aspirent à l'autorité mais se défient terriblement du pouvoir. Ils attendent tout de l'État et de celui qui l'incarne, à condition de pouvoir conspuer l'un et fronder l'autre.

Même le général de Gaulle, tout grand homme qu'il fut, n'échappait pas à leurs flèches. On l'admirait, on le glorifiait, mais, outre plusieurs attentats auxquels il échappa par miracle, il dut faire face à des oppositions politiques farouches, à des mouvements sociaux redoutables et surtout à l'intense tornade de Mai 68 qui le défia au son de « dix ans ça suffit ! » Grand homme assurément mais cible de millions d'archers. Georges Pompidou, le dauphin à qui il interdisait de se présenter comme son héritier, n'avait pas sa stature mais offrait l'image d'Épinal de la parfaite réussite méritocratique et républicaine. Fils d'instituteurs, normalien, agrégé, lettré, remarquable Premier ministre durant six ans, il avait tout pour séduire les descendants des sans-culottes. Las ! pour avoir été un temps banquier chez Rothschild, il fut dénoncé avec véhémence

Le Prince balafré

– déjà – comme « le président des riches ». Valéry Giscard d'Estaing avait beau incarner avec distinction la modernité nécessaire à ce vieux pays, son style aristocratique et la montée du chômage le condamnèrent à être rejeté en 1981 sous les lazzi de ses opposants.

François Mitterrand, président né, porteur des espoirs de la gauche, fut, durant son long règne, le plus long de tous (quatorze ans), décrété coupable de trahison sociale et de tentation monarchique. Tout comme ses prédécesseurs, peut-être plus encore qu'eux, il ne fut définitivement respecté qu'après sa mort. Jacques Chirac bénéficia, lui, lors de ses funérailles, d'un véritable élan populaire qui ne compensait cependant pas les attaques virulentes et les lourdes accusations qui scandèrent ses deux mandats. Nicolas Sarkozy, avec son énergie phénoménale et son omniprésence médiatique, cliva profondément et en fut impitoyablement sanctionné. François Hollande, le plus authentiquement démocrate des présidents de la Ve République, fut, pour avoir rêvé d'être « normal » et même de pouvoir être travailliste, congédié sans pitié. Il n'y a pas de président français heureux.

Le mystère est cependant de savoir pourquoi Emmanuel Macron apparaît, plus encore qu'aucun de ses prédécesseurs, le président que les Français adorent détester. Pourquoi ce jeune homme pressé, si manifestement doté de tant de dons – l'intelligence, l'audace, l'énergie, le labeur, l'ambition pour la France, ce qui d'ordinaire séduit les Gaulois réfractaires –, pourquoi provoque-t-il tant de rejets virulents ? Certes,

Introduction

une fraction des Français, un tiers en chiffre rond, le soutient et lui est attaché, mais une nette majorité l'ostracise violemment et le proscrirait même volontiers. La gauche radicale le honnit, la gauche modérée le bannit, les écologistes le fustigent, la droite de gouvernement le dénonce, la puissante extrême droite l'exècre et l'insulte. Il ne peut compter que sur un bataillon de sociaux-démocrates orphelins, sur un régiment de centristes à demi apprivoisés et sur un escadron hésitant issu de la droite modérée.

C'est peu et cela en fait un président vulnérable et mal aimé, dévisagé avec cette animosité particulière qui le distingue de ses prédécesseurs, une animosité certes politique mais aussi étrangement personnelle, comme s'il réveillait chez les Français une tentation régicide. On l'a constaté tout au long de l'impressionnante et violente croisade des Gilets jaunes, on l'entend depuis les bancs de l'extrême gauche et de l'extrême droite, de la NUPES (Nouvelle Union populaire, écologique et sociale) et du Rassemblement national, on l'enregistre systématiquement dans les sondages, on le retrouve dans la presse et dans les médias. Emmanuel Macron a réveillé la haine, cette maladie génétique qui, depuis toujours, fracture les Français et, comme un volcan maléfique, gronde, sommeille, puis éclate soudain, déversant une lave fratricide.

Pourquoi Emmanuel Macron, le séducteur, suscite-t-il tant d'aversion ? Qu'est-ce que ce rejet dit de lui mais aussi de l'état de la société française ? Est-ce parce qu'il est fustigé comme « le président des riches », ce qui constitue immanquablement un boulet infamant chez les enfants de Robespierre, de Jaurès, de Mitterrand, ainsi qu'une cible obsessionnelle chez les séides de Marine Le Pen ? Est-ce parce qu'il incarne le symbole même des élites dans ce pays où le peuple n'a jamais supporté les têtes qui dépassent, à l'exception de quelques héros mythiques ? Est-ce parce que sa personnalité urticante de lovelace autoritaire, de charmeur provocant, brouille sans cesse les lignes ordinaires et transgresse allègrement les catégories établies ? Est-ce parce qu'il pâtit nécessairement, plus que tout autre puisqu'il a conquis le cœur du pouvoir, du rejet de la politique, de l'allergie vis-à-vis de la classe dirigeante ? Est-ce encore parce qu'en matière régalienne – l'insécurité, l'immigration, l'ordre social –, il n'a pas su apparaître assez protecteur, voire assez concerné ? Est-ce parce qu'il cherche à imprimer un rythme des réformes que les Français ne sont pas prêts à accepter, moins encore à épouser ? Est-ce parce qu'il personnifie, fût-ce à son corps défendant, le président des crises qui s'enchaînent implacablement depuis son entrée au palais de l'Élysée, des Gilets jaunes au Covid, de l'Ukraine à l'inflation, de la réforme des retraites aux émeutes des « quartiers » ? Est-ce parce qu'il est devenu la figure même de la mondialisation, de la financiarisation du capitalisme au XXIe siècle, parce qu'il incarne cette société technologique numérisée qui dérange et inquiète, parce qu'il personnifie en somme un nouveau monde incertain qui fait trembler une bonne partie des Français ? Est-ce parce qu'il symbolise un changement

Introduction

qui va plus vite que les mentalités, trop vite pour les moins bien préparés ?

Comment peut-il faire face à cette situation si particulière, étrangement inédite ? Sur quelles forces peut-il s'appuyer ? Quel projet peut-il défendre ? Où sont ses alliés, qui sont ses rivaux, ses adversaires, ses partenaires, ses ennemis ? Comment peut-il avancer avec cette majorité parlementaire relative, avec cette présidence manchote, avec ce règne qui, de toute façon, s'achève inexorablement en 2027 mais que tant de forces ont la tentation d'entraver, de bloquer, voire d'écourter ? Comment ce prince balafré, couturé mais toujours ambitieux et déterminé, peut-il gérer ses rapports avec les Français ? En somme, peut-il apprivoiser les Gaulois réfractaires ? Ce sont les fils de cette histoire si singulière qu'il faut tenter de démêler.

Chapitre 1
Une élection par défaut

Avec Emmanuel Macron, rien ne se passe jamais comme d'ordinaire. En 2017, il l'avait emporté haut la main avec 66 % des suffrages exprimés au second tour face à Marine Le Pen. Il n'avait pourtant à l'époque qu'un maigre passé politique de deux ans seulement, datant de son entrée au gouvernement de Manuel Valls, pas le moindre mandat électif, pas de véritable parti à son service. Avant qu'il ne devienne ministre de l'Économie en 2015, il était pour les Français un parfait inconnu. Contre tous les précédents, il se voulait « ni de gauche ni de droite ». Il ne cochait donc absolument aucune des cases traditionnelles des candidats à l'élection présidentielle, aucune des caractéristiques des sept vainqueurs qui l'avaient précédé au palais de l'Élysée depuis le début de la Ve République. Il était un transgressif absolu, un iconoclaste assumé, un ovni politique. Un atypique né.

Cette fois-ci, en 2022, sa réélection casse de nouveau et même doublement les codes. Il est en effet le premier président de la Ve République à avoir été réélu au suffrage universel direct sans avoir dû passer par une cohabitation préalable : François Mitterrand et Jacques

Le Prince balafré

Chirac, ses deux seuls prédécesseurs à avoir été réélus au suffrage universel direct (le général de Gaulle avait été désigné en 1958 au suffrage indirect par un collège restreint), ses deux prédécesseurs sortaient l'un comme l'autre d'une cohabitation virile avant leur deuxième victoire. Il leur avait fallu un purgatoire et une revanche contre leurs challengers pour l'emporter, François Mitterrand contre Jacques Chirac, puis Jacques Chirac contre Lionel Jospin. Emmanuel Macron, lui, pas du tout. Il achevait un premier quinquennat tumultueux mais durant lequel il avait disposé d'une majorité pléthorique à l'Assemblée nationale. Réélu, il innovait donc : pas de pénitence préalable, pas de défaite législative pour préparer une revanche présidentielle. C'était donc une « première » sous la Ve République.

Elle est cependant largement éclipsée, à bon droit, par l'autre nouveauté de cette réélection ambiguë. De nouveau président, Emmanuel Macron n'a pas pu l'emporter aux élections législatives qui ont aussitôt suivi. Il a, grande « première », cette fois-ci beaucoup plus théâtrale, échoué à obtenir à l'Assemblée nationale cette majorité que l'on disait quasi automatique. Tous ses prédécesseurs qui, réélus à l'Élysée, avaient dissous l'Assemblée ou depuis l'instauration du quinquennat avaient organisé des élections législatives suivant leur réélection présidentielle, tous l'avaient très largement emporté. Lui, pas.

Vainqueur en avril à la présidentielle, il est battu ou du moins à demi défait en juin aux législatives. Les Français le condamnent à la majorité relative, c'est-à-dire au cas

Une élection par défaut

de figure le plus improbable, le plus inconfortable, le plus imprévisible, le plus ingrat. Seul Michel Rocard, Premier ministre de 1988 à 1991, avait dû affronter pareille épreuve. Encore ne lui manquait-il que moins de 10 sièges, alors qu'Emmanuel Macron et Élisabeth Borne doivent faire face à un déficit de 40 sièges. C'est bien le président réélu qui est ainsi délibérément et personnellement sanctionné par les Français, puisque plusieurs sondages convergents attestent avant le scrutin législatif que les trois quarts d'entre eux (dont des électeurs d'Emmanuel Macron) souhaitent que le jeune président réélu soit contraint de partager ses pouvoirs. C'est Emmanuel Macron qui est réélu président, c'est Emmanuel Macron qui est privé de majorité absolue. Encore une originalité, encore un paradoxe. Le vainqueur de la présidentielle est aussitôt le vaincu des législatives.

L'explication est évidente. Le maintien à l'Élysée d'Emmanuel Macron traduit d'abord un double rejet, celui de Jean-Luc Mélenchon et celui de Marine Le Pen. Il s'agit moins de reconduire le président sortant que de fermer la porte au leader des Insoumis et à la cheffe de file du Rassemblement national. Certes, les partisans d'Emmanuel Macron ont ardemment souhaité sa réélection, leur mobilisation impressionnante aux deux tours de l'élection présidentielle et aux deux tours des élections législatives le prouve. Mais l'appoint nécessaire est venu de ceux qui voulaient faire barrage tantôt aux champions de l'extrême gauche et tantôt à ceux de l'extrême droite. Le oui à Emmanuel Macron est un non à Marine Le Pen et à Jean-Luc Mélenchon. Sa victoire n'est ni un assentiment, ni une espérance, ni une gratitude mais un refus de voir soit un président de la rupture radicale avec l'économie de marché européenne, soit une présidente incarnant l'ombre noire de la démocratie illibérale s'établir au palais de l'Élysée. Et puis, qui d'autre ? Valérie Pécresse avait déçu tout au long de sa campagne, Anne Hidalgo n'avait même pas pu s'immiscer dans la bataille, Éric Zemmour s'était grillé tout seul, Yannick Jadot n'avait pas su profiter de la vague écologique, Fabien Roussel avait plu sans peser, et les autres ne comptaient pas. Même ceux qui n'aiment pas Emmanuel Macron reconnaissent que lui possède au moins la stature d'un chef de l'État. C'est pourquoi ils l'ont réélu par défaut. Il a, au second tour, reçu leurs voix sans gagner leurs cœurs. Après quoi, ils l'ont privé de victoire législative.

L'étrange campagne présidentielle le démontre assez. Jamais on n'avait vu l'élection reine aussi discréditée, suscitant autant d'indifférence, de frustration et au total de mécontentement. Emmanuel Macron n'y est entré que le plus tardivement possible, à pas de loup, comme à regret. Il est vrai que les circonstances étaient très particulières. L'invasion de l'Ukraine par la Russie de Vladimir Poutine avait brusquement dramatisé mais aussi déplacé le climat. Les services de renseignement anglo-saxons avaient multiplié les avertissements mais leurs collègues français ne croyaient pas à pareille agression contre l'ordre international, à pareille rupture avec l'ordre diplomatique,

Une élection par défaut

à pareille négation de tous les engagements structurant la coexistence pacifique. Au moment même où accélérait enfin la triste campagne présidentielle, déjà si grise, un changement d'époque majeur terriblement noir faisait brutalement irruption.

Le mois de février est traditionnellement celui où les campagnes présidentielles françaises se décantent et établissent les véritables rapports de force, comme on l'a constaté en 2002, 2007, 2012 et 2017, c'est-à-dire depuis la mise en œuvre du quinquennat. Cette fois-ci, l'évènement venait d'une guerre toute proche au sein même du continent européen, aux frontières de l'Union. La tragédie était de retour quand la campagne présidentielle prenait enfin de la vitesse. L'Ukraine éclipsait légitimement les enjeux de politique intérieure. De plus, Emmanuel Macron se trouvait être depuis le 1er janvier président en exercice de l'Union européenne. Son activité diplomatique l'a littéralement happé. Au téléphone nuit et jour avec Poutine, Bruxelles, Biden, Berlin, Madrid ou Rome, multipliant visites, réunions, voyages impromptus, il a donné le sentiment de s'évader de la campagne. Certes, ainsi plus président que jamais mais également moins candidat que jamais. Les déclarations politiques de ses concurrents se sont elles aussi focalisées sur la guerre en Ukraine. Le positionnement de chacun vis-à-vis de Vladimir Poutine est ainsi devenu la grande affaire du moment. Au détriment de la concurrence des projets.

De plus, la France sortait à peine du pic du Covid. Les Français étaient fatigués, certains épuisés, par une période sans précédent durant laquelle la maladie planait en permanence, la vie sociale était suspendue, la vie professionnelle à la fois perturbée et métamorphosée par le recours impérieux au télétravail pour nombre de « cols blancs ». L'enfermement nécessaire pour tous ceux directement touchés par le Covid ou simples « cas contacts », les restrictions générales de déplacement, les masques obligatoires, les tensions hargneuses à propos des vaccins, le complotisme qui rôdait, les polémiques délétères entre médecins, l'omniprésence médiatique du sujet, tout constituait une chape de plomb sans précédent dans l'histoire des campagnes présidentielles. Certes, l'aide massive apportée par l'État, un choix d'Emmanuel Macron, garantissait l'essentiel des revenus des citoyens et la survie des entreprises, mieux que partout ailleurs en Europe. Les Français le savaient mais l'inquiétude l'emportait sur la reconnaissance. L'atmosphère était lourde, les tensions se multipliaient, même au sein des familles. On apprendrait plus tard que la cohabitation imposée s'était mal passée. La campagne de 2017 avait été marquée par la surprise, la curiosité et une pointe d'espérance. Celle de 2022 était imprégnée par un climat d'anxiété, de lassitude, de perplexité et de pessimisme. En 2017, la surprise l'emportait. En 2022, ce fut la crainte.

La campagne n'en fut pas moins pleine de surgissements et de rebondissements. C'est Marine Le Pen qui a déclaré la première sa candidature, troisième tentative pour se faire élire à la tête de l'État. Il faut reconnaître, même si cela ne réjouit pas, que la présidente du

Une élection par défaut

Rassemblement national a mené la campagne la plus intelligente. Jean-Luc Mélenchon a certes été nettement plus brillant, Emmanuel Macron, évidemment plus compétent, Éric Zemmour, bien sûr plus surprenant et plus éloquent. Il n'empêche : elle s'est, comme en 2017, qualifiée pour le second tour à l'issue duquel elle a sensiblement progressé avec 41,5 % des suffrages exprimés contre 33 % cinq ans auparavant. Après quoi, son parti a réalisé une percée surprise aux élections législatives en arrachant 89 sièges. Sa stratégie et son sang-froid y ayant été pour beaucoup. Marine Le Pen s'est en effet avérée être une alchimiste savante, une amnésique habile et une comédienne chevronnée.

Alchimiste savante ? Elle a su métamorphoser le Front national, parti d'extrême droite traditionnel, raciste, antisémite, nostalgique de l'empire colonial, allergique à toute évolution des mœurs, farouchement nationaliste, anti-européen, anti-américain, anti-gaulliste, en un Rassemblement national incarnant une extrême droite moderne, s'adressant aux catégories populaires, soucieuse de protection sociale, certes toujours arc-boutée contre l'immigration, militant pour une politique de sécurité quasi militaire mais soudain bien plus prudente en ce qui concerne l'Europe, axée en fait sur la protection du pouvoir d'achat. Bref, populiste et populaire, souverainiste et démagogique. Bien plus rassembleuse que le FN.

Amnésique aussi, car de Jean-Marie, la présidente du Rassemblement national ne veut garder que le patronyme mais ni la culture, ni l'histoire, ni les dérapages permanents. Si désireuse de se prémunir contre l'accusation d'extrémisme réactionnaire qu'elle renonce à sortir de l'euro, camoufle sa garantie d'une retraite à 60 ans et s'efforce de parler sur un ton énergique mais raisonnable. Comédienne chevronnée enfin, car Marine Le Pen avance masquée. Sur le fond, elle n'a guère évolué. Elle prône toujours la supériorité des lois françaises sur les lois européennes, ce qu'elle sait mener tout droit au Frexit. Elle veut faire d'un référendum sur l'immigration sa première mesure si elle est élue. Elle se moque de l'écologie comme de l'orthodoxie budgétaire. Son style Le Pen a évolué, ses gènes Le Pen sont toujours bien vivants. Ce qui ne l'empêche pas de donner ostensiblement dans sa campagne la priorité à des valeurs populaires, simples et compréhensibles comme la défense du pouvoir d'achat, la préférence française, la lutte contre l'inflation, etc.

L'invasion subite de l'Ukraine par la Russie la prend complètement à contrepied tant elle avait mis en scène sa proximité avec l'homme du Kremlin. Elle commence d'ailleurs par critiquer les sanctions contre Moscou. Elle se fait promptement plus discrète et n'en est pas trop pénalisée dans les sondages. Par ailleurs, elle gère calmement l'entrée en lice fracassante et la cavalcade médiatique d'Éric Zemmour. Elle se garde bien de polémiquer avec lui, laissant impavidement l'offensive du brillant mais hyper-transgressif et très provocateur idéologue du nationalisme intégral se dérouler. Celui-ci a réussi une irruption initiale fulgurante dans la campagne, révélant sur un registre néo-wagnérien

Une élection par défaut

un talent inédit d'orateur, puis multipliant les faux pas et s'enferrant irrémédiablement jusqu'à se couper tout seul les jarrets. Vladimir Poutine l'a littéralement fait disjoncter et il laisse poindre à plusieurs reprises une inhumanité qui glace soudain ses supporters. Un instant, il a failli faire jeu égal avec Marine Le Pen et il a même semblé quelques jours en situation de la devancer. La présidente du Rassemblement national n'a pas bronché, a su attendre et finalement a bénéficié des dérapages répétés de celui qui aurait pu, s'il s'était mieux contrôlé, mieux auto-censuré, créer la plus grande surprise de la campagne. Elle y est d'autant mieux parvenue que, simultanément, Valérie Pécresse ratait complètement son entrée en lice de candidate officielle. Éric Zemmour, à son corps défendant, a servi de repoussoir à Marine Le Pen. En 2017, le diable, c'était elle. En 2022, le diable, ce fût lui. Quant à la concurrente de la droite républicaine, elle n'a pas su retenir ceux de ses supporters tentés par une radicalisation.

La campagne de Jean-Luc Mélenchon fut d'une tout autre eau. Alors que la présidente du RN s'assagissait, du moins en surface, et bridait son tempérament violent, le président des Insoumis brillait de tous ses feux volcaniques. Sa campagne de 2022 a beaucoup ressemblé à celle de 2017, aussi pugnace et spectaculaire, sur un registre cependant un peu moins provocateur. Il s'agissait toujours de rupture avec le capitalisme, avec la Ve République, avec l'Europe de Maastricht, avec l'OTAN, mais de façon moins caricaturale. Certes, la lutte contre l'islamophobie, la plaidoirie en faveur d'une culture « créolisée », la haine de la police, la croisade contre la mondialisation et le CAC40 étaient toujours là. Ses propositions fiscales avaient encore de quoi épouvanter les possédants et affoler les classes moyennes supérieures : passage de cinq à quatorze tranches d'impôts sur le revenu, plafonnement strict des héritages, rétablissement d'un impôt sur la fortune vengeur, suppression des mesures prises par Emmanuel Macron pour attirer les investisseurs, renationalisation ruineuse des autoroutes, annulation chimérique de la dette publique : Jean-Luc Mélenchon rejouait avec une éloquence hugolienne le grand drame de 1981.

Il le formulait cependant avec moins de démesure ostensible, comme si cette fois l'espoir de vaincre le bridait discrètement. Il le modernisait aussi en le teintant davantage d'écologie, en le pimentant d'une garantie financière pour les jeunes si généreuse qu'elle lui valut d'ailleurs un franc succès chez les moins de 25 ans. Jean-Luc Mélenchon a toujours su faire rêver. Il a toujours marié une idéologie romantique avec le recours à une technologie novatrice (hologrammes, sites internet performants, virtuosité sur Twitter, débats imaginatifs sur les réseaux sociaux). Quant à Vladimir Poutine, à ses yeux victime des provocations américaines, il a su prendre des distances prudentes avec lui dès qu'il est apparu trop visiblement en agresseur. Compréhensif mais retenu. Ambigu mais circonspect.

Ce qui a bien servi Jean-Luc Mélenchon durant sa campagne présidentielle, c'est aussi l'enlisement ou

Une élection par défaut

l'effondrement des autres candidats de la gauche. Les deux trotskistes éternels, Nathalie Arthaud et Philippe Poutou, faux jumeaux malheureux, ont vu leur base électorale aspirée par les Insoumis. Arnaud Montebourg, qui avait renoncé à la politique, a tenté un retour sans lendemain ; son socialisme chauvin n'intéressait plus personne. Christiane Taubira, dont l'éloquence lyrique marquait tant jadis et dont l'humanisme politique inspirait naguère le respect, ne correspondait plus aux attentes des crises post-Covid. Après un tour de piste baroque (une primaire dissidente), elle s'est sagement éclipsée.

Restaient tout de même sur les rangs, candidats confirmés, dûment munis de leurs parrainages, Yannick Jadot pour les écologistes, Anne Hidalgo pour les socialistes, Fabrice Roussel pour les communistes. Pourquoi la campagne du candidat d'EELV n'a-t-elle jamais décollé ? Le dérèglement climatique s'est pourtant enfin installé dans les esprits après les inondations monstres et la chaleur suffocante qui ont marqué la campagne. Jadot ne manque pas de charisme ni de sincérité et offre *a priori* le profil d'un Vert énergique, évitant presque d'être chimérique ou apocalyptique. Malheureusement pour lui, son parti défend en fait une grande cause avec de minuscules moyens. Pas d'argent, peu de militants, d'épuisantes dissensions internes, des polémiques incessantes, des rivalités picrocholines. La primaire Sandrine Rousseau/Yannick Jadot, loin de clarifier les choses, s'est jouée sur le fil (51 % / 49 %) pour lui mais la vaincue, détestable perdante, n'a cessé de dénigrer ensuite son vainqueur. Comme elle a la langue assassine, elle a joué à l'ennemie de l'intérieur. Après quelques frémissements initiaux, Jadot s'est donc doucement enlisé, comme s'il était regardé plus comme un lanceur d'alertes que comme un candidat présidentiel. Les dirigeants d'EELV devraient en pénitence consacrer leurs vacances à des stages chez leurs camarades allemands, moins vinaigrés mais élus, eux.

La campagne d'Anne Hidalgo n'a cessé de ressembler à un chemin de croix. Elle a voulu à toute force concourir, malgré l'appareil du PS, malgré la franche hostilité du Premier secrétaire Olivier Faure, malgré les amis de François Hollande et Bernard Cazeneuve (le seul dans cette famille politique ruinée susceptible de pouvoir faire alors bonne figure), malgré en réalité le scepticisme général. La maire de Paris s'est accrochée, elle s'est dépensée, elle a labouré mais elle n'a jamais pu semer ni moins encore récolter. Elle n'a cessé de ressembler à ces coureurs de marathon irrémédiablement distancés, épuisés et hors jeu, courageux et oubliés. Elle n'a pas compris que la mairie de Paris était son bâton de maréchal.

Quant à Fabien Roussel, candidat du Parti communiste à la grande rage de son ennemi intime Jean-Luc Mélenchon, furieux de sa candidature, il aura en somme été le vaincu le plus heureux de cette présidentielle. Son score, on le verra, sera si modique qu'il pourrait en théorie se repentir de s'être mis sur les rangs. Pas du tout : sympathique, énergique, truculent, décomplexé, démagogiquement cordial, il aura récolté plus de

Une élection par défaut

lauriers que de voix. Peu importe : il s'est fait connaître, son image s'est enracinée, celle d'un communiste ressentant et partageant les épreuves et les illusions populaires mais sachant s'imposer. Désormais, il existe et ne s'en laisse pas conter par le patriarche despotique de la NUPES.

François Baroin, alors président de la puissante Association des maires de France, aurait été le candidat idéal pour Les Républicains. Un physique séduisant, une voix magnifique, de l'habileté et de la compétence, un cursus ministériel réussi sous Jacques Chirac et sous Nicolas Sarkozy, une popularité œcuménique chez les militants et les électeurs de LR, l'appui sans faille de l'appareil, qui dit mieux ? Las ! après avoir longuement, trop longuement, hésité, il a renoncé à se présenter, conscient des difficultés de la tâche et aussi de l'ascèse nécessaire pour s'imposer. Il ne restait plus au parti qu'à lui trouver un substitut. Mauvais début.

Personne ne s'imposant plus, la direction ne pouvait pas trancher. Dès lors, il fallait en passer par les primaires. Après le psychodrame de 2017, la primaire infernale ayant opposé Nicolas Sarkozy, Alain Juppé, François Fillon, Bruno Le Maire, Nathalie Kosciusko-Morizet, Jean-François Copé et Jean-Frédéric Poisson pour le résultat qu'on sait, il n'était plus question d'une primaire populaire ouverte aux sympathisants. Il fallait donc se résoudre à une primaire interne, réservée aux militants. Cinq candidats réunirent les conditions nécessaires pour se mettre sur les rangs : Michel Barnier, Valérie Pécresse, Éric

Le Prince balafré

Ciotti, Xavier Bertrand et le professeur de médecine Philippe Juvin. La campagne fut acharnée. Michel Barnier passait pour être le favori. Valérie Pécresse et Xavier Bertrand qui avaient quitté le parti, ulcérés par l'élection à sa tête du trop droitier Laurent Wauquiez, durent reprendre leur carte, Éric Ciotti jouant les outsiders. Tous les cinq se dépensèrent sans compter et sillonnèrent la France avec acharnement. Tout se joua cependant à la télévision, lors d'émissions où Michel Barnier, réfléchi et sérieux mais manquant de vivacité et de punch, parut éclipsé par un Xavier Bertrand aussi à l'aise que roublard, par une Valérie Pécresse offensive et précise mais surtout par un Éric Ciotti brillant, pugnace, inattendu.

Ce qui frappa surtout fut le net durcissement droitier des débats sur un registre conservateur souverainiste manifestement choisi pour tenter de contrer Marine Le Pen. Tout le monde devenait wauquiéziste. Sur ce registre-là, Éric Ciotti était bien entendu le plus à l'aise. Quand on en vint au vote, trop tardivement, au début de décembre 2021, ce fut le député des Alpes-Maritimes qui prit la tête d'un souffle au premier tour (25,6 % des voix) devant Valérie Pécresse (25 %), Michel Barnier (23,9 %) et Xavier Bertrand (22,4 %). Au second, ce fut cependant Valérie Pécresse qui l'emporta nettement, avec 61 % des suffrages contre 39 % pour Éric Ciotti : les militants voulaient une droite dure mais pas extrémisée.

Dans les sondages, depuis juillet, Xavier Bertrand avait longuement tenu la tête mais sans décrocher

Une élection par défaut

cependant ses concurrents. C'étaient alors les électeurs qui s'exprimaient. Chez les militants, on préféra au contraire la fermeté sérieuse de Valérie Pécresse à l'intelligence trop rusée de Xavier Bertrand, à la véritable dureté d'Éric Ciotti et au conservatisme distingué de Michel Barnier. À peine désignée, la présidente de la région Île-de-France réussit sur-le-champ – c'était attendu – une percée, jusqu'à se rapprocher nettement dans les enquêtes de Marine Le Pen, et même d'inquiéter Emmanuel Macron pour qui elle semblait être l'hypothèse la plus redoutable puisqu'elle pouvait espérer rassembler les électeurs de droite classique, les modérés déçus par le président mais surtout fédérer mieux que personne les anti-macronistes de tous bords. Elle débordait d'énergie et d'appétit. Après le moment Bertrand, puis le surgissement Zemmour, voilà que se dessinait la perspective Pécresse.

Le chapitre s'acheva cependant brutalement dès que la candidate de la droite entama les meetings, décisifs en campagne présidentielle. Ce fut un naufrage. Vive et pugnace lors des débats télévisés de la primaire, elle fut consternante sur le podium des halls d'exposition devant une foule de supporters pourtant totalement acquis. Tétanisée par l'enjeu, débutant dans l'exercice, consciente de la cruauté des caméras qui retransmettaient en direct l'exercice, elle fut aussitôt la caricature d'elle-même : raide, mécanique, forçant sa voix, multipliant les phrases chocs artificielles, privilégiant un registre ultra-conservateur qui ne lui ressemblait pas, elle sema aussitôt déception et consternation.

Les commentaires furent assassins et pire, moqueurs. Les sondages plongèrent aussi brutalement qu'ils avaient grimpé. En quelques semaines, elle avait perdu assurance, contenance et espérance. Marine Le Pen souriait, Jean-Luc Mélenchon tonitruait, Emmanuel Macron soupirait.

Le président avait choisi son adversaire depuis belle lurette. C'était Marine Le Pen. On le lui a beaucoup reproché, comme s'il l'avait inventée. Bien à tort, puisqu'au bout du compte c'est elle qu'il devrait affronter au second tour, elle dont les thèmes se sont imposés à tous durant la campagne. Jean-Luc Mélenchon impressionnait mais on ne l'imaginait pas vraiment l'emporter, tout comme Marine Le Pen en 2017. Cette fois-ci en revanche, la question du pouvoir d'achat pesait si lourd, la demande de sécurité comptait si fort, la peur d'une immigration incontrôlable circulait si vite que le potentiel électoral de Marine Le Pen, déjà important au départ, grossissait à vue d'œil.

D'autant plus que les circonstances n'étaient décidément pas aisées pour le président sortant. Certes, sa popularité n'était pas catastrophique : 41 % de satisfaits contre 58 % de mécontents en avril, le mois du vote, c'était modeste mais nettement plus confortable que pour Nicolas Sarkozy ou *a fortiori* François Hollande, privé d'être candidat. Certes, le souvenir du « quoi qu'il en coûte » était encore tout frais dans les mémoires. Le bouclier social déployé pour protéger les revenus des Français durant la crise du Covid, l'aide généreuse aux entreprises, la solidarité orchestrée par Emmanuel

Une élection par défaut

Macron n'étaient pas encore oubliés. Chèque énergie, bouclier tarifaire sur l'électricité et le gaz, indemnités pour les foyers modestes, rien de cela n'était effacé de l'esprit des Français. Le président ne les avait pas abandonnés. Mais en regard, le souvenir des contraintes inédites, très mal vécues, qu'avait imposées le Covid laissait une forte amertume chez les Français, plus encore chez les soignants. La question du niveau de vie se posait désormais quotidiennement pour la majorité des électeurs. Que le pire ait été évité, que la France s'en sorte plutôt mieux que ses voisines, cela ne consolait personne. Et d'ailleurs, qui le savait ?

À quoi s'ajoutaient les inévitables « affaires » du moment, comme la polémique sur les cabinets de consultants (McKinsey et beaucoup d'autres), ou l'assassinat en prison d'Yvan Colonna : terrains idéaux pour les complotistes assombrissant le climat. L'invasion de l'Ukraine déclenchée par Vladimir Poutine le 24 février alourdissait bien plus encore l'atmosphère. On approuvait majoritairement le soutien à l'Ukraine mais on en redoutait les conséquences économiques. Extrême gauche et extrême droite soulignaient d'ailleurs à l'envi les risques sociaux qu'impliquaient les sanctions. Bref, le climat était morose lorsque Emmanuel Macron annonça officiellement sa candidature le 3 mars, à peine plus d'un mois avant le premier tour. C'est-à-dire le plus tard possible.

Il faut dire les choses comme elles sont : en 2017, Emmanuel Macron avait réussi une campagne brillante, allègre et originale. En 2022, il a mené une campagne décevante, minimaliste et tardive, comme si l'exercice lui pesait. Il est vrai que les circonstances internationales l'accaparaient beaucoup, ce qui n'était pas le cas cinq ans auparavant. La gestion de la crise sanitaire et sociale s'imposait, même si le Premier ministre Jean Castex l'épaulait vigoureusement. Il n'empêche : la responsabilité politique lui revenait implacablement. Il est vrai également que les campagnes de réélection présidentielle ont presque toujours été bien moins réussies que les premières : Valéry Giscard d'Estaing, fulgurant en 1974, ne fut que passable en 1981. Jacques Chirac, impressionnant d'énergie et d'opiniâtreté en 1995, ne fut sauvé en 2002 que par la dispersion stupide des candidats de la gauche. Nicolas Sarkozy, incandescent en 2007, parvint trop tard à ranimer la flamme en 2012. François Hollande, méthodique et diaboliquement habile en 2012, ne put même pas tenter sa chance en 2017. Seul François Mitterrand, en incomparable artiste de la politique, réussit à se montrer en 1988 aussi rassurant et rassembleur qu'il avait été en 1981 conquérant et diviseur.

En 2017, Emmanuel Macron chargeait sabre au clair sous le soleil. En 2022, il marchait à l'ombre. Intermittent du spectacle de la campagne, en lice au dernier moment, avare de meetings, réfractaire aux débats. On le lui a d'ailleurs beaucoup reproché : la réalité est que s'il avait accepté la confrontation avec ses onze adversaires, il aurait eu le triste destin d'un saint Sébastien offert aux flèches de onze archers. Quant à choisir un ou deux adversaires pour des duels télévisés,

Une élection par défaut

les non-sélectionnés auraient à juste titre hurlé à l'injustice. Ce qui n'occulte en rien le fait que la stratégie de campagne élyséenne fut largement une stratégie d'évitement : une campagne la plus tardive et la plus modeste possible, pariant résolument sur la peur que Marine Le Pen inspirait à la gauche et sur la peur que Jean-Luc Mélenchon inspirait à la droite.

Il est vrai que durant les derniers jours, alarmé par l'inquiétude croissante de ses troupes (notamment des futurs candidats aux élections législatives), Emmanuel Macron consentit à donner interviews et tribunes, à oser la province, à remercier ses militants, ses supporters et les personnalités politiques qui l'avaient rallié, de Jean-Pierre Chevènement à Éric Woerth, de Manuel Valls à Christian Estrosi, de Jean-Pierre Raffarin à Marisol Touraine, de Catherine Vautrin à Renaud Muselier, d'Élisabeth Guigou à Jean-Louis Borloo, bref « et de gauche et de droite », selon la formule qui avait succédé à « ni de gauche ni de droite ». Il publie une lettre aux Français, on l'entend à la radio, on le voit à la télévision, on le découvre sur Internet. Les sondages se réveillent aussitôt. Le candidat virtuel est devenu un candidat réel. Tardivement.

Car l'inconvénient de ce choix habile et dangereux est que le projet présidentiel pour le second quinquennat n'a pas véritablement pris corps ni – *a fortiori* – imprimé les esprits. Emmanuel Macron l'a certes publié et très – trop – longuement exposé aux Docks de Paris (à Aubervilliers, en Seine-Saint-Denis) avec, cela va de soi, retransmission en direct sur les chaînes

Le Prince balafré

d'information continue. Les propositions sont multiples, tantôt susceptibles d'être populaires (prestations sociales versées automatiquement, augmentation des allocations aux mères célibataires, baisse des impôts sur les successions, retraite minimale de 1 100 euros pour les carrières complètes, lutte contre les violences faites aux femmes, augmentation du nombre de magistrats et des brigades de gendarmerie, recrutement d'infirmières et d'aides-soignantes, hausse des salaires des enseignants, débats sur la fin de vie ou l'aide aux personnes âgées vivant à domicile, etc.), tantôt judicieuses économiquement et écologiquement : relance de la filière nucléaire, baisse des impôts sur les entreprises, investissements publics dans les secteurs d'avenir, développement des énergies renouvelables, taxe carbone à l'échelle européenne, etc. Dans ce puzzle, une seule proposition émerge aussitôt et frappe franchement les esprits : la retraite à 65 ans. Elle est économiquement fondée, démographiquement nécessaire, socialement accompagnée mais absolument antipathique. Les Français la détestent aussitôt. La multitude des autres propositions est marginalisée. Faute de campagne active d'une durée raisonnable, toute pédagogie est impossible. De la vision d'Emmanuel Macron pour un second quinquennat n'émerge que la retraite à 65 ans. Le projet est oublié, le projet est caduc. À défaut du temps nécessaire et d'une promotion suffisante par son auteur lui-même, Marine Le Pen et Jean-Luc Mélenchon servent de repoussoir

Une élection par défaut

mais l'élan d'une démarche réinventée manque cruellement au chef de l'État. De son fait.

Sonne enfin l'heure du vote, le dimanche 10 avril. Les Français ne se précipitent pas aux urnes. Le Covid les a fatigués, le déclenchement de la guerre en Ukraine les a alarmés, l'inflation occupe leurs esprits, la campagne présidentielle ne les a guère mobilisés. Rien d'étonnant donc à ce qu'en fin de soirée, le ministère de l'Intérieur annonce un taux d'abstention de 26,3 %. C'est beaucoup, quatre points de plus qu'en 2017. Comme on est loin des 16,23 % de 2007, *a fortiori* des 15,1 % de 1974, lors du premier match entre Valéry Giscard d'Estaing et François Mitterrand. L'élection reine ne passionne plus. Les Français sont à la fois mécontents et désemparés. Toute une fraction de la population proteste, toute une fraction de la population, souvent la même, n'attend plus rien du pouvoir politique, malgré le récent bouclier social. Une crise de participation, donc une crise de la démocratie s'installe.

Les résultats du premier tour n'en sont pas moins spectaculaires. Ils signent l'instauration d'une tripartition. Le trio Macron-Le Pen-Mélenchon capte en effet à lui seul plus de 70 % des voix. Les autres partis, y compris Les Républicains et le PS, les deux partis de gouvernement, sont littéralement effacés. Emmanuel Macron arrive nettement en tête, avec 27,85 % des votes. Sa stratégie d'évitement de la campagne et de dénonciation de l'extrême droite, son pari sur la peur des ruptures et des affrontements en pleine crise a finalement fonctionné. Les dégâts collatéraux apparaissent cependant redoutables avec une abstention plus que préoccupante et avec la progression de Jean-Luc Mélenchon comme de Marine Le Pen. L'anxiété l'a certes emporté sur le ressentiment. Emmanuel Macron gagne même quatre points par rapport à son premier tour de 2017. Il a joué et le voici en bonne position avant le second tour, son statut présidentiel en temps de crise aidant. Favori et modeste.

Marine Le Pen arrive en deuxième position, qualifiée donc pour le second tour et le duel final. Elle obtient 23,15 % des suffrages exprimés, en progression de deux points par rapport à 2017. C'est un beau résultat, récompense d'une campagne réfléchie servie par les circonstances. Son intuition lui a fait choisir le pouvoir d'achat comme axe de son offensive. La brusque irruption de l'inflation, provoquée par le déclenchement de la guerre en Ukraine et par la crise énergétique, inflation qu'elle ne pouvait prévoir, lui a donné involontairement raison. Ainsi est-elle devenue la championne de la France qui souffre, tout en demeurant cheffe de file du nationalisme français. Une conjonction redoutable.

Jean-Luc Mélenchon, à son immense frustration, arrive en troisième position, privé de ce duel avec Emmanuel Macron qu'il espérait de toutes ses forces. Le leader des Insoumis a pourtant réussi une nouvelle avancée, gagnant 2,3 points par rapport à 2017, avec son score record de 21,95 %. Il a bien cru doubler Marine Le Pen sur la ligne d'arrivée. À son grand désespoir, à son amertume proclamée, il lui manque

Une élection par défaut

1,20 point pour triompher de l'extrême droite et pouvoir, son Graal, affronter le président sortant en un débat télévisé qui aurait certes été d'une autre tenue que celui encore perdu par Marine Le Pen. C'eût été l'implacable dialectique d'Emmanuel Macron contre les rugissements lyriques de Jean-Luc Mélenchon. Le débat du siècle n'aura pas lieu.

Les autres candidats n'apparaissent, face à la guerre des trois, que comme des seconds rôles, presque comme des figurants. Aucun d'entre eux n'approche même la barre symbolique des 10 %. Il y a trois vedettes et neuf comparses. Celui qui fait le score le moins marginal, le seul à franchir le seuil des 5 % donnant droit au remboursement des frais de campagne par l'État est Éric Zemmour. Maigre consolation pour celui qui fut l'attraction la plus inattendue de la campagne, réussissant les meetings les plus incandescents avant de s'enferrer tout seul. Valérie Pécresse plafonne à 4,8 % des voix, une misère pour la candidate du parti Les Républicains, héritier dépouillé de ses biens de cette famille gaulliste qui a donné quatre de ses huit présidents à la Ve République. En 2017, François Fillon, malgré le boulet des emplois fictifs, rassemblait encore 20 % des voix au premier tour. Quant à Anne Hidalgo, candidate du Parti socialiste, l'autre parti de gouvernement de la Ve République avec deux présidents et neuf Premiers ministres, elle s'effondre sur le score humiliant de 1,75 %. Une descente aux enfers.

Ce n'est pas une bonne nouvelle. La dislocation simultanée des deux piliers de la Ve République confirme que la société politique française est bien entrée de nouveau, comme à la fin de la IVe République, dans une phase de tremblements et de vacillements. Le déclin inexorable du Parti communiste malgré la bonne campagne de Fabien Roussel (2,3 % des voix), la forte déception du score écologiste (4,6 % seulement pour Yannick Jadot), la quasi-disparition des trotskistes vont dans le même sens. La Ve République est devenue à son tour instable et vulnérable. Au soir du 10 avril, l'extrême droite avec Marine Le Pen, Éric Zemmour et Nicolas Dupont-Aignan (2 %) totalise 32 % des voix contre 26 % en 2017 et 19,7 % en 2012. Son ascension n'apparaît plus si résistible, d'autant plus qu'elle s'inscrit au sein d'un vaste courant national-populiste qui ne cesse de se renforcer en Europe.

À l'autre extrémité de la scène politique, Jean-Luc Mélenchon domine l'ensemble de la gauche de la tête et des épaules. Entamé en 2017, ce mouvement se confirme et s'accentue au soir du premier tour en 2022. À lui seul, le leader des Insoumis rassemble plus du double des voix du reste de la gauche, des trotskistes aux communistes, des socialistes aux écologistes. Ce n'est plus de la primauté, c'est de l'hégémonie, hégémonie qui constitue une nouveauté majeure : en 2022, la gauche est pour la première fois sous la coupe de sa fraction la plus radicale. L'inverse même du rapport des forces à l'époque de François Mitterrand comme de Léon Blum, de Lionel Jospin comme de François Hollande. La gauche réformiste dominait alors la gauche extrémiste. Cette fois, c'est le contraire :

Une élection par défaut

la gauche de rupture domine la gauche de réforme. Le nouveau paysage politique place quasiment à égalité parfaite l'extrême droite (32 %), la gauche extrémisée (32 %) et le centre plus LR à 32,6 %.

Situation complètement neuve sous la Ve République.

La sociologie électorale du premier tour de cette élection présidentielle si atypique et si peu rassurante confirme l'extrême polarisation entre ceux et celles qui ont voté pour Emmanuel Macron et ceux et celles qui ont voté pour Marine Le Pen. Ce sont deux France qui s'affrontent, deux France qui s'éloignent de plus en plus l'une de l'autre, deux France qui se ressemblent de moins en moins et se comprennent de plus en plus mal. La France qui vote Emmanuel Macron au premier tour de l'élection présidentielle, c'est la France des métropoles et des grandes villes, la France des beaux quartiers et des banlieues aisées ou huppées, la France des régions prospères et des paysages agréables, la France des diplômés, des dirigeants, des cadres (notamment du secteur privé), des professions libérales, des chefs d'entreprise, des classes moyennes aisées et des classes supérieures, la France prospère et optimiste et, plus encore, la France des séniors et des retraités.

La France qui vote Marine Le Pen, c'est l'inverse : la France des ouvriers et des employés, la France des petits salaires et des quartiers pauvres, la France de ceux qui se lèvent tôt parce qu'ils habitent loin de leur lieu de travail, la France des villes moyennes ou des bourgs, la France paysanne et celle des néoruraux qui votent d'autant plus pour le Rassemblement national qu'il sont isolés, habitent des régions en difficulté, sont éloignés des services publics, doivent obligatoirement se déplacer en voiture pour aller au travail. Une France qui redoute ou vit l'épreuve du chômage, une France peu ou pas diplômée, chez qui CDD et intérimaires sont nombreux, une France pessimiste et inquiète qui se sent mal aimée, délaissée. La France des Gilets jaunes contre la France des diplômés.

Entre les deux, la troisième France, celle de Jean-Luc Mélenchon. Elle traverse beaucoup plus toutes les tranches de la société. Certes, bien plus faible chez les plus de 60 ans qu'Emmanuel Macron mais beaucoup plus forte chez les jeunes ; certes mieux implantée dans les classes populaires (mais moins que Marine Le Pen) et cependant, comme le président, à son maximum dans les métropoles et les grandes villes où il arrive souvent en tête. Mieux que le chef de l'État dans les banlieues pauvres mais au total avec un électorat qui irrigue toutes les strates sociales, fort chez les classes moyennes inférieures, notamment du secteur public (plus que Marine Le Pen), fort chez les ouvriers, employés ou chômeurs (moins que Marine Le Pen), bien implanté aussi chez les diplômés. D'une certaine façon, c'est son électorat qui ressemble le plus à la France profonde.

Avec cependant deux grandes particularités : à lui seul, il capte 69 % des musulmans ayant voté. Il est donc hégémonique de ce côté-là, fruit de sa lutte ostensible contre l'islamophobie, de son ouverture théâtralisée vers les peuples de Méditerranée et de sa conception de la laïcité, jadis très stricte aujourd'hui bien tolérante.

Une élection par défaut

L'autre particularité concerne les DOM-TOM où il obtient des scores phénoménaux, résultat de sa complaisance affichée vis-à-vis des anti-vaccins, un sujet très sensible outre-mer, de son engagement en faveur de la créolisation et aussi contre la pauvreté, voire le dénuement qui subsiste dans les DOM-TOM, toujours imputé à Paris, donc au président. En somme, la France qui réussit a voté Emmanuel Macron (ainsi que la France des séniors), la France qui peine, souffre et proteste a voté Marine Le Pen et la France qui conteste en bloc le capitalisme, l'Europe, l'indifférence climatique, l'Occident et l'OTAN a voté Jean-Luc Mélenchon.

L'entre-deux tours est enfin animé. En 2002, Jean-Marie Le Pen, stupéfait de sa qualification pour le second tour, avait semblé étrangement désemparé. Marine Le Pen au contraire, persuadée de la puissance du mouvement anti-Macron, croit fermement en sa victoire, durcit son discours et reprend avec vigueur tous ses thèmes favoris, de la « préférence française » au référendum immédiat sur l'immigration en passant par la réconciliation avec la Russie ou la contestation de Bruxelles. Emmanuel Macron, lui, s'adresse plus directement à l'ensemble de la gauche. Dans son discours de Marseille, il vilipende Marine Le Pen mais il verdit soudain subitement. Il promet une « planification écologique », formule fétiche de Jean-Luc Mélenchon, laquelle sera, il le promet, directement sous la responsabilité du futur chef du gouvernement spécialement flanqué de deux ministres et d'un secrétariat général spécifique. Il multiplie aussi les promesses sociales qui feront, assure-t-il, l'objet du premier texte voté par la future Assemblée nationale. Il célèbre avec flamme les étrangers qui sont devenus de grands Français (Gambetta, Ève Curie, Joséphine Baker), façon de prendre le contrepied de la xénophobie lepénienne. Bref, il fait enfin efficacement campagne. L'eût-il fait plus tôt que le résultat du vote aurait sans doute été plus confortable.

Le soir du premier tour, Jean-Luc Mélenchon scande quatre fois « pas une voix pour Marine Le Pen », sans appeler pourtant à voter pour Emmanuel Macron. C'est plus clair et moins rechignant qu'en 2017, cela reste restrictif et peu engageant. La direction de LR adopte la même attitude. En revanche, PC, PS, écologistes, CFDT, centristes de l'UDI ont, eux, franchement pris parti pour le vote Macron. Nicolas Sarkozy, Valérie Pécresse, Jean-François Copé en font autant. Considérant le danger Le Pen trop grave pour ne s'y opposer qu'à moitié. Éric Zemmour et Nicolas Dupont-Aignan appellent logiquement à voter Marine Le Pen, que le premier dédaigne et que le second envie.

Le rituel duel télévisé opposant les deux finalistes se termine au net avantage d'Emmanuel Macron. En 2017, la présidente Front national avait été écrasée, en 2022, elle est largement dominée. Le dimanche 24 avril, jour du second tour, Emmanuel Macron l'emporte avec 58,5 % des voix contre 41,5 % pour Marine Le Pen. C'est mieux que ce qu'indiquaient les sondages, c'est beaucoup moins bien qu'en 2017 (66 % contre 33 %). Il y a eu 28 % d'abstention, encore plus qu'au premier

Une élection par défaut

tour, un peu moins que la nouvelle catastrophe démocratique annoncée. Compte tenu des votes blancs et nuls, les chiffres de participation ressemblent beaucoup à ceux de 2017 : calamiteux mais stables.

En apparence, l'essentiel est donc sauf puisque Emmanuel Macron est parvenu une deuxième fois à faire barrage aux populismes, Jean-Luc Mélenchon pour le populisme d'extrême gauche au premier tour, Marine Le Pen pour le populisme d'extrême droite au second tour. La réalité est malheureusement moins glorieuse. Le chef des Insoumis n'avait jamais atteint un score aussi élevé que le dimanche 10 avril et la présidente du Rassemblement national a battu tous ses records le 24 avril. Le mythique front républicain n'a que partiellement fonctionné et le non moins fameux plafond de verre s'est bel et bien fendu. Il existe toujours un double rejet des extrêmes mais nettement moins vigoureux qu'auparavant. Le président remporte effectivement une victoire par défaut. Nette mais courte.

On constate, curiosité inédite, étrange et anxiogène, qu'au lendemain de l'élection, les trois principaux protagonistes sont à l'unisson mélancoliques et décontenancés. Jean-Luc Mélenchon laisse alors entendre qu'il venait d'être candidat pour la dernière fois. En 2027, au moment de l'élection, il aura 75 ans. Quant à Marine Le Pen, nettement plus jeune, elle n'a que 54 ans, c'est déjà sa troisième tentative et elle n'a pas le goût des défaites. Elle fait comprendre son envie de prendre des distances. Le plus inattendu concerne cependant

Le Prince balafré

Emmanuel Macron. Réélu, il n'est que le troisième dans ce cas depuis 1958, le seul sans être passé d'abord par la pénitence d'une cohabitation. Il semble pourtant submergé par le spleen. Son discours au Champ-de-Mars le 24 avril, soir de la victoire, est triste comme un automne anglais. La tour Eiffel lui réussit beaucoup moins bien que le carrousel du Louvre. Sa victoire le soulage, il a tenu bon face aux deux populismes, elle ne le comble pas car, après tant de tempêtes traversées, il voit bien que les orages, loin de se dissiper, se multiplient devant lui. Il est trop intelligent pour ne pas percevoir que sa victoire repose beaucoup plus sur la peur qu'inspirent ses concurrents que sur l'attraction qu'il exerce. Certes au second tour, ses propres partisans se sont une fois de plus impeccablement mobilisés, certes en Île-de-France, dans les grands centres urbains il a fortement progressé, signe que l'électorat de gauche et même d'extrême gauche voulait y faire barrage à Marine Le Pen, mais dans le Nord et l'Est, dans les régions en difficulté, dans le Midi de gauche, beaucoup de votes blancs et nuls, beaucoup d'abstentions, beaucoup de refus de votes en sa faveur. En 2017, il inspirait de l'optimisme et de l'espérance. En 2022, il n'empêche pas le ressentiment de progresser, le pessimisme de s'imposer, la tentation des extrêmes de s'affirmer.

Dans ces conditions, la bataille législative s'annonce plus rude que prévu. Certes, en dehors de Jérôme Jaffré, le plus brillant et le plus perspicace des analystes électoraux, on n'imagine pas encore une défaite

Une élection par défaut

ou même une semi-défaite législative. L'habitude apparaît maintenant solidement ancrée : une victoire présidentielle se répète et même s'amplifie aux élections législatives qui suivent. Pourtant, Emmanuel Macron apparaît derechef étrangement absent sur le terrain électoral durant ces sept semaines. Certes fort occupé encore par la crise ukrainienne qui empire, par la conclusion de sa présidence de l'Union européenne (elle s'achève le 30 juin sur un bilan positif sans impact électoral) et, de plus en plus, par l'inflation qui flambe. Autant de sujets graves qui n'éclairent pas cependant son silence et quasiment son retrait de la campagne. Ses lieutenants s'inquiètent et s'impatientent, ses candidats à l'élection législative s'angoissent et trépignent. Saturation, fatigue, relâchement après sa victoire présidentielle, voire mélancolie après le succès comme cela arrive à tant de champions sportifs ? En tout cas, chez les Français, il n'y a pas d'état de grâce après sa réélection. François Mitterrand et Jacques Chirac avaient d'ailleurs connu pareille pénitence.

Pour Emmanuel Macron, les circonstances ne sont toujours pas plus faciles. Malgré les aides de l'État, la hausse des prix pèse sur les vies et donne des arguments au Rassemblement national. Il n'est question dans les conversations que de l'inflation et de la crise à venir des hôpitaux durant l'été, d'autant plus que la canicule menace déjà. Les personnes âgées, chasse gardée du macronisme, n'apprécient pas les polémiques sur les retraites. La gestion calamiteuse du Stade de France par la police lors du match de la finale de la Ligue des champions, Real Madrid contre Liverpool, donne l'impression d'une incapacité de ce pouvoir à maintenir l'ordre. Les accusations de viol contre Damien Abad produisent un effet désastreux.

Quant à Emmanuel Macron lui-même, il attend de façon incompréhensible trois longues semaines avant de nommer un nouveau gouvernement le 16 mai. On annonce alors Catherine Vautrin, ancienne ministre sous Jacques Chirac, présidente de la communauté urbaine du Grand Reims et excellente vice-présidente de l'Assemblée nationale de 2012 à 2014. Catastrophe : les dirigeants de La République en Marche s'aperçoivent qu'elle s'était opposée au mariage pour tous et font le siège d'Emmanuel Macron pour qu'il choisisse une autre femme. Ce sera Élisabeth Borne, venue de la gauche, ministre efficace à plusieurs postes sous le premier quinquennat, connue pour son énergie, sa capacité de travail, son sens du dialogue sans fioritures et un caractère bien trempé. L'ennui est qu'elle n'a aucune expérience des campagnes électorales et que son profil est fort peu politique. Jusqu'aux votes des 12 et 19 juin, elle se concentre d'ailleurs sur sa candidature personnelle, la première, dans le Calvados. Elle fera la preuve de ses aptitudes après les élections législatives mais jusque-là, elle ne pèsera pas. Le président est en retrait et la Première ministre est en Normandie.

Il faut cependant réagir car si Marine Le Pen ne paraît pas croire à une victoire législative possible, elle tente néanmoins d'exciter un sentiment anti-Macron avec virulence. Le péril qui s'affiche vient au contraire de l'autre extrémité de l'éventail politique et

Une élection par défaut

plus précisément de Jean-Luc Mélenchon. Celui-ci, qui ne digère décidément pas sa défaite et ne l'accepte pas, tente de prendre sa revanche aux élections législatives par une manœuvre de son cru, sans précédent sous la Ve République. À peine éliminé de la présidentielle, il lance un slogan retentissant : « Mélenchon à Matignon » avec pour objectif de gagner les élections législatives, d'imposer une cohabitation et de conquérir de haute lutte la place de Premier ministre. C'est osé, impromptu, brillant et revanchard. Pour y parvenir, il prend l'initiative et il parvient à rallier à son panache rouge le PC, pourtant réticent, le PS, pourtant divisé, et les écologistes, pourtant déconcertés. Il emploie pour cela un argument aussi simple qu'irrésistible : une candidature unique dans chaque circonscription dès le premier tour. Si, comme d'ordinaire, il y a dans le camp de la gauche pluralité pour commencer et unité seulement au second tour, la déroute est inéluctable. Si en revanche il y a candidature unique dès le premier tour et discipline de tous, l'espoir renaît : c'ést inédit et c'est malin.

Bien que fort divisés sur le fond du programme simplifié que propose Jean-Luc Mélenchon, presque tous finissent par obtempérer, bon gré, mal gré, fermant pieusement les yeux sur les renoncements idéologiques. Les rebelles socialistes qui n'acceptent pas cette subordination, car Jean-Luc Mélenchon est bien le seul capitaine à bord, seront balayés dès le premier tour. Le fondateur des Insoumis a inventé la martingale de la gauche et, de fait, dans les sondages les intentions

Le Prince balafré

de vote en faveur de la NUPES grimpent sensiblement. Ce n'est pas l'alerte rouge pour la majorité sortante mais c'est un péril nouveau qui émerge.

Emmanuel Macron, cette fois, se mobilise. Il durcit nettement le ton pour se dresser contre la NUPES. L'heure n'est plus comme pour le second tour de l'élection présidentielle, d'envoyer des œillades de ce côté-là. Le chef de file de la NUPES est taxé d'extrémiste, attaqué rudement. Il rend d'ailleurs les coups avec usure. Vis-à-vis du Rassemblement national, les barons de la macronie mettent en doute théâtralement son appartenance à l'espace démocratique et républicain. À l'égard de la NUPES, c'est la rupture avec la société libérale et l'économie européenne qui est claironnée et tambourinée. Bruno Le Maire parle de « Chavez gaulois » pour désigner Jean-Luc Mélenchon. De son côté, Éric Zemmour propose en vain à Marine Le Pen de former une union des droites et de tendre la main à LR. La présidente du Rassemblement national refuse catégoriquement, bien décidée à écraser les candidats de Reconquête, le parti naissant de l'idéologue nationaliste, et à mettre en pièces les candidats de LR. Jean-Luc Mélenchon veut s'imposer par l'unité forcée et Marine Le Pen veut dévorer ses rivaux.

Le dimanche 12 juin au soir, le verdict est brutal. Ce n'est pas une confirmation de l'élection présidentielle, pas même un prolongement mais bel et bien un correctif brutal. Jérôme Jaffré avait raison. On le sait, les trois quarts des Français souhaitaient qu'Emmanuel Macron partage davantage ses pouvoirs durant

Une élection par défaut

son second mandat. Ils ont choisi un vote en accord avec leurs convictions. Le résultat est spectaculaire : la NUPES arrive en tête avec 26,1 % des suffrages exprimés. C'est en réalité à peine plus que la totalisation des votes de toute la gauche auparavant mais ça n'en est pas moins théâtral. Jean-Luc Mélenchon a réussi son pari. En 2017, 142 candidats Insoumis s'étaient qualifiés pour le second tour, cette fois-ci 386 candidats NUPES y parviennent. Qui l'eût dit au soir du premier tour de l'élection présidentielle ? Ensemble qui regroupe les candidats de La République en Marche et ses alliés, obtient 25,8 % des voix et qualifie 419 candidats pour le second tour contre 513 en 2017. L'alliance perd deux points par rapport au score d'Emmanuel Macron le 10 avril mais c'est surtout la première fois que le parti du président élu n'arrive pas en tête du premier tour des élections législatives qui suivent. Ce vote-là ressemble fort à un vote-sanction.

Le Rassemblement national arrive en troisième position avec 18,7 % des suffrages exprimés, nettement distancé. C'est évidemment moins bien que Marine Le Pen au premier tour de la présidentielle (23,1 %), mais c'est nettement mieux qu'aux élections législatives de 2017 (13,2 %). Cette fois-ci, le RN ne s'effondre pas aux élections législatives après avoir perdu l'élection présidentielle. En 2017, 118 de ses candidats s'étaient qualifiés pour le second tour des élections législatives, en 2022 ils sont 208. Marine Le Pen a progressé en voix en cinq ans, le Rassemblement national aussi.

Le Prince balafré

Les Républicains et les centristes de l'UDI rassemblent cette fois-ci 11,3 % des suffrages : beaucoup moins bien qu'en 2017 (18,8 %), mais nettement mieux que Valérie Pécresse. C'est une sévère défaite, ce n'est pas une déroute. Reconquête, le parti naissant d'Éric Zemmour, n'atteint même pas la barre des 5 % (4,25 %), Éric Zemmour lui-même ne parvient pas à se qualifier pour le second tour dans le Var. Une sanction sévère.

Emmanuel Macron a gagné l'élection présidentielle, Jean-Luc Mélenchon est le vainqueur du premier tour des élections législatives. Qui l'eût cru le 10 avril ? L'abstention, hélas, atteint le score énorme de 52,5 % des inscrits contre 51,3 % en 2017. Malgré la volonté des Français de bâtir une présidence sur mesure rectifiée, la participation aux élections législatives demeure calamiteuse. La mollesse de la campagne, l'effacement volontaire d'Emmanuel Macron n'ont certes pas été mobilisateurs, malgré la virulence des Insoumis dont les cortèges scandaient « chassons le tyran Macron ». Selon l'institut IPSOS, 69 % des 18-24 ans ont snobé les isoloirs et même 71 % des 25-34 ans. Un désastre.

L'entre-deux tours qui ne dure qu'une semaine aux élections législatives n'est pas plus mobilisateur, faute de clarté. Les macronistes appellent à voter contre le Rassemblement national lorsqu'eux-mêmes ne sont pas qualifiés mais ne se décident pas à faire voter NUPES en cas de duel avec le Rassemblement national, en tout cas pas pour les Insoumis de Jean-Luc Mélenchon. Réciproquement, la NUPES n'est pas plus explicite, appelant elle aussi à voter contre le

Une élection par défaut

Rassemblement national mais pas pour les candidats d'Emmanuel Macron face à l'extrême droite. LR en fait autant. On est en plein théâtre d'ombres.

Au second tour, l'abstention atteint 53,77 %, encore plus qu'au premier tour (52,49 %) mais moins qu'en 2017 (57,36 %). Ce sont les partisans d'Emmanuel Macron qui se sont de nouveau les plus mobilisés. En revanche, si Jean-Luc Mélenchon, toujours emphatique, avait lancé au soir du premier tour : « J'appelle notre peuple à déferler dimanche prochain », rien de tel ne s'esquisse. Les résultats n'en apportent pas moins deux grandes surprises. Une énorme surprise, la déconfiture de la majorité sortante qui perd la majorité absolue pour devoir se contenter d'une majorité relative, très relative même puisqu'il s'en faut de 40 sièges pour qu'elle atteigne la barre des 289 élus nécessaire à toute majorité. Un phénomène qui ne s'est produit qu'une seule fois depuis 1958, lorsque Michel Rocard n'avait pas non plus pu conquérir les 289 sièges. Encore à l'époque ne manquait-il que 8 à 10 élus contre quatre fois plus aujourd'hui. Le deuxième mandat d'Emmanuel Macron ne pourra donc pas ressembler au premier. Le président dominateur a désormais une main liée dans le dos.

La deuxième surprise, elle aussi de taille sinon de même importance, est que le second tour s'avère beaucoup plus favorable que prévu pour le Rassemblement national, grand bénéficiaire du vote du 19 juin. Les chiffres parlent d'eux-mêmes : en 2017, les candidats d'Emmanuel Macron avaient obtenu 50,2 % des voix au deuxième tour des élections législatives. C'était un raz-de-marée. Cette fois, ils doivent se contenter de 39 % des voix, certes en tête au second tour mais avec treize points de moins qu'il y a cinq ans. La gauche en revanche, qui s'était effondrée à 12 % en 2017, obtient cette fois-ci 34 %, fruit de l'unité retrouvée... et imposée. Le Rassemblement national qui s'était littéralement écroulé à 9 % il y a cinq ans atteint maintenant 17 %.

Ce qui compte cependant le plus au second tour des élections législatives, ce ne sont pas les voix, surtout avec plus de 50 % d'abstention, mais les sièges. Et cette fois-ci le changement est de taille. En 2017, la majorité avait remporté 350 sièges, une majorité massive (308 LREM, 42 MoDem). En 2022, elle ne compte plus que 246 sièges (154 Ensemble, 48 MoDem, 24 Horizon, le nouveau parti d'Édouard Philippe). Les macronistes de stricte appellation ont perdu la moitié de leurs députés. Si Élisabeth Borne a été élue, d'ailleurs avec un score modeste, nombre des ténors ont chuté, à commencer par l'ex-ministre de l'Intérieur Christophe Castaner et surtout par Richard Ferrand, président sortant de l'Assemblée nationale mais plus encore le lieutenant le plus avisé et le plus influent d'Emmanuel Macron. D'excellents ministres ont été battus. Surtout, atteindre la majorité pour chaque vote va devenir un exercice épuisant et aléatoire. Le passage d'une forte majorité absolue à une faible majorité relative change tous les équilibres, ressuscite l'Assemblée nationale, entrave le gouvernement et défie le président. On change d'époque.

Une élection par défaut

L'opposition est désormais en force, certes profondément divisée mais offensive et confiante. Avec 131 sièges, la NUPES peut tirailler et canonner chaque jour. Elle ne s'en prive pas. Les Insoumis sont passés de 17 élus à 75, le PS de 30 à 27, le PC de 10 à 12, les écologistes de 1 à 16. Les Insoumis règnent donc sans conteste sur la NUPES, même si Jean-Luc Mélenchon a étrangement renoncé à son siège. Les LR et l'UDI, eux, rétrogradent de 112 sièges en 2017 à 64 en 2022. Ils perdent près de la moitié de leurs élus mais gardent assez de force pour se métamorphoser en groupe charnière, principal arbitre des votes. Quant au Rassemblement national de Marine Le Pen, il peut exulter. C'est lui le véritable vainqueur surprise de ce second tour. Il comptait 8 députés en 2017, il en a maintenant 89. La seule fois où il avait pu jusqu'ici former un groupe parlementaire au Palais-Bourbon, c'était en 1986, sous la houlette de Jean-Marie Le Pen, avec 35 élus. Marine Le Pen fait plus que deux fois mieux que son père, ce qui ne doit pas la chagriner. Après son score impressionnant à l'élection présidentielle, la voici à la tête d'une cohorte nombreuse, certes médiocre (plusieurs de ces nouveaux élus se sont ridiculisés dans les débats télévisés régionaux) mais disciplinée. Son ascension continue.

Après la Chambre introuvable de 2017, voici donc une nouvelle ère, une Chambre retrouvée. L'élection présidentielle s'est soldée par le double rejet de Jean-Luc Mélenchon puis de Marine Le Pen. Les élections législatives s'achèvent par l'instauration d'une modeste majorité relative, un territoire presque

Le Prince balafré

inconnu. Emmanuel Macron régnait depuis cinq ans en monarque républicain. Le voici métamorphosé malgré lui en explorateur de terres politiques étranges et quasi inconnues. Jupiter devient Savorgnan de Brazza.

Chapitre 2
La présidence relative

La majorité relative constitue à coup sûr le cas de figure le plus compliqué, le plus inconfortable et même le plus paradoxal possible sous la Ve République. Celle-ci a été bâtie par le général de Gaulle et par Michel Debré pour imposer à l'Assemblée nationale une logique majoritaire et pour installer solidement la prééminence de l'exécutif sur le législatif. La majorité relative sortie des urnes les 12 et 19 juin 2022 aboutit au résultat exactement inverse : la nouvelle Assemblée nationale n'a plus de majorité absolue et le pouvoir exécutif en est mécaniquement atrophié, diminué, fragilisé. La légitimité du chef de l'État élu le 24 avril précédent demeure certes entière mais sa puissance se réduit. En somme, la majorité relative qui s'installe au Palais-Bourbon débouche inévitablement sur une présidence relative. Le nouvel équilibre politique français ressemble en ce moment moins à la tradition et aux normes de la Ve République qu'à un cas de figure classique aux États-Unis, celui où le président en place doit composer avec un Congrès qui ne lui est qu'à moitié acquis. Comme Joe Biden aujourd'hui. Emmanuel Macron n'est plus le suzerain de l'Assemblée nationale et il lui faut compter avec un Sénat hostile, puissant et bien organisé. Le risque d'un enlisement progressif menace donc inévitablement, d'autant plus que le fait de n'être pas rééligible en 2027 dessert les liens de fidélité et de loyauté au sein de sa propre majorité relative. La législature qui a commencé il y a un an va ressembler, ressemble déjà à un combat contre l'hémorragie lente du pouvoir présidentiel. La majorité relative est une leucémie politique.

Certes, la présidence relative n'est pas constitutionnellement dépossédée d'une partie de ses pouvoirs comme c'est le cas en période de cohabitation. Même alors, François Mitterrand puis Jacques Chirac conservaient de vastes attributions (diplomatie et défense, incarnation de la République, pouvoirs constitutionnels encore fournis, expression publique aussi libre que redoutable, guérilla partisane). La présidence relative conserve, elle, bien davantage avec l'intégralité de ses pouvoirs constitutionnels massifs plus un arsenal politique encore bien garni. Elle est touchée mais pas coulée. Le précédent de Michel Rocard, Premier ministre de François Mitterrand de 1988 à 1991, ne disposant que d'une majorité relative (tout comme ses successeurs Édith Cresson et Pierre Bérégovoy) est éclairant. Il lui manquait une dizaine de voix pour atteindre la majorité mais il a conservé une marge de manœuvre suffisante pour faire adopter des réformes significatives (RSA ou CSG). Il est vrai qu'Emmanuel Macron, lui, a besoin d'une quarantaine de voix d'appoint, un handicap bien plus difficile à combler, avec

La présidence relative

des adversaires qui ne manifestent aucune intention de lui faciliter les choses.

Michel Rocard, à la tête d'un gouvernement de gauche, pouvait négocier au cas par cas l'appui des communistes (qui ne siégeaient pas au gouvernement) sur certains sujets notamment sociaux ou budgétaires, celui des centristes (qui n'appartenaient pas non plus à sa majorité) sur d'autres dossiers, européens par exemple, et même parfois, rarement il est vrai, celui de la droite. Emmanuel Macron a face à lui une configuration politique bien différente et beaucoup moins ouverte. La gauche est dominée par les Insoumis de Jean-Luc Mélenchon, des adversaires irréductibles. La droite est éclipsée par le Rassemblement national de Marine Le Pen, avec qui aucun accord n'est imaginable. Socialistes et écologistes peuvent s'abstenir – rarement – ou voter quelques lois tout comme, plus fréquemment, Les Républicains. Certains élus du petit et composite groupe LIOT peuvent en faire autant. Aucun de ces renforts épisodiques et fluctuants n'envisage néanmoins d'alliance en bonne et due forme durant la première année du second quinquennat. L'Assemblée nationale de 2022 est bien plus extrémisée sur ses deux ailes que ne l'était celle de 1988. Les LR, approchés mollement par Emmanuel Macron au lendemain des élections législatives, ont vigoureusement fermé la porte par la voix de son président d'alors, Christian Jacob. Durant la première année, aucune alliance n'a paru possible, aucun partenariat régulier n'a pu être esquissé. Il ne restait qu'un pis-aller : la quête de convergences, dossier par dossier, projet de loi par projet de loi, le gouvernement tenant le rôle ingrat du demandeur perpétuel. Ou bien, s'agissant des lois de finances, il y avait le fameux article 49-3 permettant l'adoption sans vote, au risque permanent d'une motion de censure boomerang. La présidence relative ressemble en ce sens à un pouvoir en sursis.

Pour Emmanuel Macron qui ne conçoit l'action politique qu'ambitieuse, marquante, déterminée et de préférence docile, la présidence relative ressemble donc à un purgatoire quotidien. Il rêve éternellement de réformes, il doit pourtant chaque jour emprunter un chemin embourbé. Il aime commander, il doit composer. Il voudrait sauter des haies, il doit subir des refus. Il est impérieux, il doit devenir ductile. Il a un tempérament d'attaquant, il a besoin ici de transiger sans cesse. La présidence relative lui est une mortification quotidienne. Il porte la haire d'une Assemblée hostile, d'un gouvernement fragile, d'oppositions revanchardes. Son ambition est entière, son pouvoir est borné. Il reste un président actif, il devient un président bridé. Il demeure décidé et entreprenant, il doit apprendre à ruser et à contourner. La partie est jouable mais avec beaucoup d'aléas. Il reste le président des crises (voir chapitre 3), mais avec une majorité relative ; la crise est en fait endémique.

Il s'en est rendu compte dès la formation même du gouvernement Borne au sein de son propre camp, chez ses propres troupes, jadis si dociles. Son choix initial, comme on l'a vu au chapitre 1, s'était porté sur

La présidence relative

Catherine Vautrin, ex-ministre de Jacques Chirac, ex-vice-présidente appréciée de l'Assemblée nationale, une femme venue de LR mais qui avait appelé à voter pour lui. Ludovic Vigogne raconte avec beaucoup de verve et de précision dans *Les Sans Jours* (Éditions Bouquins) comment sa nomination est actée lors d'un déjeuner dans le jardin de l'Élysée, comment Jean Castex la briefe sur le fonctionnement de l'hôtel de Matignon, comment Brigitte Macron l'accueille avec chaleur. Catastrophe ! Toute l'aile gauche macroniste se dresse instantanément contre la perspective d'une Première ministre venue de la droite et qui s'est opposée de surcroît au mariage pour tous. Elle s'enflamme, se mobilise, tempête, menace. Une femme Premier ministre, oui, cent fois oui, mais venue de la droite, jamais de la vie. Le « en même temps » vacille. Emmanuel Macron ne peut pas inaugurer son deuxième mandat par une crise déclenchée au sein de son propre camp. C'est donc Élisabeth Borne, venue de la gauche, qui est nommée après trois longues, trois interminables semaines. 2017 était une prouesse, 2022 est un péril.

Ce n'est pas tout. Tant s'en faut. Bruno Le Maire pose ses conditions pour demeurer au ministère des Finances et de l'Économie. Il faut donc élargir son déjà très vaste territoire. Gérald Darmanin lorgnait peu discrètement l'hôtel de Matignon, il faut le conforter en en faisant le numéro trois du gouvernement. François Bayrou grimace quand Élisabeth Borne est choisie. Il faut le ménager, l'écouter, le flatter. Le gouvernement Borne, pléthorique, déçoit : aucun renfort significatif, aucun nouveau « poids lourd ». En revanche, beaucoup de frustration et de dépit. Les choses ne se présentent pas mieux au Palais-Bourbon. Roland Lescure, excellent président sortant de la commission des affaires économiques, est notoirement le candidat de l'Élysée pour la présidence de l'Assemblée nationale, mais c'est Yaël Braun-Pivet, jusqu'alors présidente de la puissante commission des lois qui est choisie avec 105 voix contre 85 par les députés de Renaissance. Un signal clair envoyé à Emmanuel Macron : sous son deuxième quinquennat, les députés de sa propre famille politique revendiquent plus d'autonomie et même d'autodétermination. Décidément, un nouveau monde. La suite se vérifiera au sein de cette Assemblée nationale qui redevient le centre fébrile et tempétueux de la vie politique. Le pouvoir législatif ne sera plus l'exécutant mécanique du pouvoir exécutif.

S'il fallait encore démontrer dès le premier jour de la nouvelle législature que le climat politique sera cette fois différent, François Bayrou et Édouard Philippe, le président du MoDem et celui d'Horizon, les deux principaux alliés d'Emmanuel Macron s'en chargent, refusant tout net de constituer un groupe parlementaire unique avec les élus macronistes orthodoxes de la majorité comme le palais de l'Élysée le souhaitait. Il y aura donc trois groupes qui se coordonneront mais ne fusionneront pas. Présidence relative oblige. C'est aussi un Insoumis de la première heure, Éric Coquerel, qui devient, grande première, président de la commission des finances, un lieutenant historique de Jean-Luc Mélenchon en contrôleur de Bruno Le Maire. C'est plus

La présidence relative

qu'une nouveauté. Quant au Rassemblement national, malgré les cris et les protestations de la gauche, malgré les réticences de la majorité, il obtient les postes auxquels ses effectifs lui donnent droit (vice-présidence de l'Assemblée nationale, secrétariat des commissions, etc.). Application stricte du règlement de l'Assemblée mais mini-tornade politique. Jamais dans l'histoire des Républiques françaises on n'avait vu des représentants de l'extrême droite présider les débats au Palais-Bourbon, ce que, au demeurant, ils font dans les règles.

On entre, dès la déclaration de politique générale d'Élisabeth Borne le 6 juillet 2022, dans une période à nulle autre pareille entre orages, grêles et autres intempéries. Le fiasco lamentable du Stade de France – bousculades, rapines, agressions devant une police débordée, des supporters écossais dévalisés et une foule apeurée et menacée – annonce le pire. Et pourtant, la session parlementaire ne commence pas si mal. La Première ministre ne se démonte pas, elle lance même d'amusants coups d'épingle aux chefs de file de ses adversaires. Un premier train de lois est voté presque aisément durant l'été. Il est vrai qu'il s'agit principalement d'améliorer le pouvoir d'achat des Français, sujet auquel il est difficile de faire obstruction. À l'automne, les lois de financement du budget et de la Sécurité sociale doivent certes être adoptées à grands coups de 49-3. Le Parlement proteste mais les textes sont validés. Chacun sait tout de même que le 49-3 a précisément été mis sur pied pour cela. La présidence relative serait-elle plus gérable qu'on ne l'imaginait ?

Le Prince balafré

En fait, tout dépend sous quel angle on la regarde. S'il s'agit de politique étrangère ou européenne, elle est à coup sûr viable et même vécue comme pleinement légitime. Lorsque le président dispose d'une majorité parlementaire absolue, solide, cela va de soi. Jacques Chaban-Delmas, Premier ministre de 1969 à 1972, a même inventé la théorie fantaisiste du « domaine réservé » du chef de l'État en politique extérieure. La formule n'a pas de fondement constitutionnel mais elle correspond néanmoins à la réalité politique : quand la majorité présidentielle et la majorité parlementaire concordent, le chef de l'État a les mains libres. Il est véritablement le maître du jeu dans ce domaine.

En période de cohabitation (1986-1988 et 1993-1995 sous François Mitterrand, 1997-2002 sous Jacques Chirac), bien plus rare, le président conserve la main sur ce secteur-là mais doit tenir compte des choix du Premier ministre, c'est-à-dire amender ses décisions de politique étrangère sans les défigurer. C'est ce qui s'est passé par exemple à propos du Rwanda entre François Mitterrand et Édouard Balladur ou bien à propos de l'Europe entre Jacques Chirac et Lionel Jospin.

En période de majorité relative comme aujourd'hui, en revanche, nul besoin pour Emmanuel Macron d'infléchir ses choix de politique extérieure. Élisabeth Borne n'y songe même pas et la ministre des Affaires étrangères Catherine Colonna, une honorable diplomate de carrière (elle était ambassadrice à Londres avant de prendre la tête du Quai d'Orsay), est une exécutante. Emmanuel Macron est aussi libre de ses choix et de

La présidence relative

ses décisions dans ce domaine en majorité relative qu'il l'était auparavant en majorité absolue. Donc, en 2022 comme en 2017.

C'est vrai à propos de la guerre en Ukraine, le problème militaire le plus dramatique en Europe depuis la Libération, un drame qui se déroule aux frontières mêmes de l'Union européenne. La France doit faire ses choix, Emmanuel Macron le fait résolument, en allié engagé de l'Ukraine (livraison d'armes, soutien diplomatique actif), en membre loyal de l'OTAN mais aussi en acteur autonome, tentant de maintenir un fil fragile avec la Russie et d'anticiper une reconstruction de la sécurité européenne à l'issue du conflit. Une politique de cavalier seul au sein de l'Alliance atlantique qui fait grincer à Varsovie, à Londres, à Vilnius et surtout à Kiev. En France, on ne la conteste cependant pas vraiment. Ni au sein de la majorité ni même au sein de l'opposition (voir chapitre 3). Le président décide, le gouvernement applique, la majorité soutient et les oppositions ne s'opposent pas. La marge de manœuvre présidentielle demeure aussi large qu'en majorité absolue au Palais-Bourbon et même, à vrai dire, nettement plus large que dans les régimes parlementaires des vingt-six autres pays de l'Union européenne. Même avec une majorité relative, le président a les mains libres en ce qui concerne la politique étrangère et de défense. Trop peut-être d'un point de vue démocratique : davantage de débats et de contrôles ne nuiraient pas, quel que soit le chef de l'État.

En définitive, sa politique européenne – la dimension la plus visible et la plus substantielle de sa politique étrangère – ne ralentit pas, ne s'affadit pas avec la présidence relative. Emmanuel Macron demeure le dirigeant européen le plus actif, le plus imaginatif, le plus théâtral... et le plus irritant. Il est à l'origine de la plupart des propositions nouvelles. C'est lui qui mène le combat pour que l'Europe défende vigoureusement ses intérêts industriels face au forcing fiscal américain. C'est encore lui (avec l'Allemagne) qui bataille pour que l'Europe s'investisse beaucoup plus dans les nouvelles technologies. C'est toujours lui qui engage le fer (contre Berlin) pour décrocher le prix de l'électricité de celui du gaz, un système aberrant et ruineux pour EDF... et pour les factures des Français. C'est enfin lui (les sujets sont liés) qui mène l'offensive pour imposer, également contre l'Allemagne, le nucléaire parmi les énergies vertes, c'est-à-dire décarbonées. Au sein d'une Europe plus nécessaire que jamais mais trop bureaucratique, trop réglementée et trop menottée par la règle funeste des décisions à l'unanimité, il incarne le dynamisme. Mais ce faisant, il bouscule, il vexe, il choque, il agace. Sa liberté de langage, son goût immodéré pour les formules qui claquent dérangent. Lorsque dans l'avion qui le ramène de Chine il lance à propos des États-Unis : « Nous sommes alliés mais pas vassaux », les atlantistes, très nombreux à la tête des gouvernements européens s'étranglent. Quand il parle de « souveraineté européenne », il inquiète les partisans indéfectibles de Washington. Son thème favori de « stratégie européenne » progresse, notamment à Berlin mais intimide les frileux, majoritaires

La présidence relative

parmi les Vingt-Sept. C'est l'éternelle ambition française, mais ce n'est pas le thème le plus populaire à Bruxelles et Strasbourg. En tout cas, majorité relative ou non, Emmanuel Macron persiste, avance, dérange en Europe. Ce qui ne lui déplaît pas.

Même chose pour les autres compartiments de la politique extérieure. Face à Joe Biden, alors même qu'il est le premier dirigeant européen à être invité à Washington depuis l'élection du vainqueur de Donald Trump, il n'hésite pas à mettre en garde contre la « fragmentation » du monde occidental, façon polie mais claire de critiquer la politique fiscale et commerciale des États-Unis. Pour lui, entente cordiale et quatre vérités ne sont jamais incompatibles. Avec l'Allemagne, partenaire essentiel, nécessaire, il annule le sommet annuel des deux pays (il aura lieu plus tard), bouscule le soixantième anniversaire du traité d'amitié entre Paris et Berlin (Bonn à l'époque), bref ne craint pas le bras de fer diplomatique. Tout cela sans susciter de critiques significatives au parlement français. Il n'y a guère que les lourdes déconvenues au Sahel et les incessantes tensions migratoires avec le Maghreb pour provoquer des remous à Paris. Encore ne prennent-ils pas d'ampleur, faute de majorité alternative. Diplomatie et défense occupent toujours avec Emmanuel Macron comme avec ses prédécesseurs la moitié de l'emploi du temps présidentiel. Pour cette moitié-là, la majorité relative ne bride ni ne freine en rien le président. Le fait que les oppositions soient profondément divisées là-dessus y contribue évidemment. En ce qui concerne la politique extérieure, la majorité relative n'empêche pas la présidence absolue.

Pour ce qui est de la politique intérieure, c'est évidemment une tout autre affaire. Là, les contradictions et les incompatibilités entre les oppositions (NUPES, LR, LIOT, Rassemblement national) ne les empêchent en rien d'additionner leurs forces pour tenter de fléchir, de bloquer ou de mettre en minorité Emmanuel Macron et Élisabeth Borne. Elles s'y emploient en permanence avec des méthodes différentes, on le verra, et des résultats en fait très variables. Tantôt elles parviennent à stopper un projet de l'exécutif, tantôt elles l'obligent à négocier, à patienter, à ruser, à amender, à transiger, et tantôt elles doivent s'incliner et laisser passer, s'imposer un projet qu'elles contestent et combattent. La majorité relative, surtout avec une structure parlementaire aussi baroque – la NUPES confédérant les gauches, la macronie rassemblant les centres, le RN dominant l'aile droite, plus, en arbitre hyper-politicien, le groupe LIOT (21 députés) et LR (61 députés) –, la majorité relative n'est pas un bloc mais bien une pâte qui se pétrit de façon différente pour chaque sujet.

Les projets de loi les plus importants chaque année sont évidemment les projets de loi de finances (le budget de l'État) et de financement de la Sécurité sociale. Impossible de s'en passer et, en période de majorité relative, difficile de les faire voter. C'est pourtant ce qui s'est produit pour les budgets de l'année 2023, adoptés comme il se doit à l'automne 2022. Ils ont constitué le premier bras de fer du quinquennat et ils

La présidence relative

se sont terminés, comme on pouvait le prévoir, par une cascade de 49-3, le plus fameux, le plus controversé article de la Constitution, celui que les parlementaires détestent parce qu'il les dessaisit de leurs pouvoirs, même s'il est justement taillé pour cela. C'est ce qui s'est produit pour le premier budget d'Élisabeth Borne (sixième budget du ministre de l'Économie et des Finances Bruno Le Maire). L'emploi par six fois du 49-3 a constitué une force de dissuasion suffisante. Les Républicains n'ont pas voulu ouvrir une crise immédiate sur pareil sujet face à un président à peine réélu et alors qu'eux-mêmes venaient de subir une déroute historique. C'eût été une bataille frontale périlleuse et sans doute impopulaire dans leur électorat. Majorité relative ou pas, le budget de l'État et celui de la Sécurité sociale ont été adoptés, les oppositions pouvant difficilement s'additionner sur un sujet qui les divise aussi radicalement. En l'occurrence, sur ce terrain précis, il faut donc relativiser la majorité relative : une situation nouvelle, particulièrement inconfortable mais pas ingérable. Elle a permis à Bruno Le Maire de s'imposer, avec moins de brio que son lointain prédécesseur à ce poste, Valéry Giscard d'Estaing, mais avec plus d'autorité qu'aucun des successeurs de celui-ci, Édouard Balladur excepté. Elle a vu aussi s'affirmer le talent d'orateur et plus encore de débatteur, la compétence aussi du jeune Gabriel Attal, ministre délégué chargé des Comptes publics, révélation la plus spectaculaire au sein du gouvernement pléthorique d'Élisabeth Borne.

Le Prince balafré

Celle-ci, moins politique que ses deux ministres – encore qu'après avoir été ministre durant cinq ans à trois postes successifs (Transports, Écologie, Travail) avant d'entrer à l'hôtel de Matignon, elle ne soit plus une débutante –, ne s'y prend pas mal. Elle aime le dialogue musclé qu'elle a beaucoup pratiqué quand elle était présidente de la RATP, rude école, elle est selon ses interlocuteurs attentive et loyale et elle bûche ses dossiers à fond. Elle a mauvais caractère mais au moins a-t-elle du caractère. Elle exténue et bouscule ses collaborateurs, elle fatigue ses ministres. Elle ne manque pas d'humour, en tout cas de malice. Ce n'est évidemment pas une grande oratrice, elle n'exerce pas d'ascendant personnel sur les parlementaires de la majorité, contrairement par exemple à Édouard Philippe, elle est cependant respectée. Elle peut parfois gaffer mais elle est patiente et même obstinée. Elle n'a pas d'ambition présidentielle, ce qui simplifie les choses. Elle est discrète sur sa vie privée, comme l'étaient d'ailleurs avant elle Édouard Philippe et Jean Castex. Son profil de chef de gouvernement quasi danois n'est pas fréquent sous la Ve République mais se trouve être assez adapté au cas de figure insolite – la majorité relative – qu'elle doit gérer. Aucune rivalité avec Emmanuel Macron, pas de clan personnel chez les députés de la majorité qu'elle est chargée de conduire. Ses deux principaux ministres (Bruno Le Maire et Gérald Darmanin) ont certes des tentations d'autonomie et de grandes ambitions mais elle n'est pas leur problème puisqu'elle n'est pas sur les rangs pour 2027. Handicap notable, elle ne brille pas dans les médias, c'est un euphémisme.

La présidence relative

Handicap supplémentaire, Emmanuel Macron n'hésite pas à la contredire assez sèchement. Trop à coup sûr pour son autorité à elle.

Elle parvient néanmoins à faire voter une grosse vingtaine de textes législatifs malgré l'absence de majorité naturelle au Palais-Bourbon. Il lui faut pour cela composer, tantôt avec une fraction de la NUPES, tantôt avec le gros des LR. Il lui faut aussi ménager alternativement l'aile gauche de la macronie, puis l'aile droite, ce qui ne lui simplifie pas la tâche et nuit à son autorité. La présidente du groupe Renaissance, Aurore Bergé (jusqu'en juillet 2023), fait entendre la musique libérale, le président de la commission des lois, Sacha Houlié, veille sur la partition sociale. Le groupe du MoDem suit les humeurs de François Bayrou qui veille farouchement sur son autonomie. Le groupe Horizon reflète les prises de distance d'Édouard Philippe. La majorité relative est une escarpolette qui balance tantôt à gauche, tantôt à droite selon les nécessités du texte en débat mais qui rebondit aussi au gré des sentiments pas toujours convergents de la majorité et même de Renaissance, le groupe central macroniste. Sous le deuxième quinquennat, le damier politique est redevenu aussi complexe que sous la IVe République, à cette différence près que les institutions offrent beaucoup plus d'instruments à l'exécutif.

C'est ainsi que, cahin-caha, Élisabeth Borne parvient à faire voter ses lois en un an, s'appuyant tantôt sur les uns, tantôt sur les autres, rameutant de son mieux ses propres troupes, dépensant des trésors de patience et d'énergie pour convaincre les renforts indispensables.

Elle fait ainsi passer, par exemple, un projet de loi sur les énergies renouvelables avec l'appoint des écologistes et des socialistes. Symétriquement, elle fait voter un projet de loi accélérant les formalités pour construire de nouvelles centrales nucléaires, cette fois-ci avec l'aide des LR... et des communistes. Elle parvient de la même façon à faire acter le lancement du programme des nouveaux réacteurs nucléaires ou, dans une autre configuration très combattue par la gauche, à faire passer la réforme de l'assurance chômage avec la droite. Un texte pour consolider le droit à l'avortement reçoit même le soutien des Insoumis. Il arrive, si elle ne recherche cependant jamais leurs voix, que les députés Rassemblement national votent de rares projets. S'il fallait choisir un tableau célèbre symbolisant Élisabeth Borne, ce serait *La Dentellière* de Vermeer.

L'Assemblée nationale n'est d'ailleurs pas, cela va de soi, le seul théâtre des négociations perpétuelles inhérentes à la majorité relative. Il faut y ajouter le Sénat, pièce maîtresse du Parlement depuis 2022, et ses deux hommes clés : en premier lieu, son indéboulonnable président Gérard Larcher qui aurait fait à coup sûr un président de la République sous la IIIe ou la IVe République, courtois mais sachant exactement ce qu'il veut, tantôt prêt au compromis, tantôt résolu à ne rien céder, selon les sujets, ses propres convictions et le sentiment dominant de ses troupes. Un interlocuteur redoutable et madré qu'il faut se garder d'irriter. Sa rondeur est celle d'un chasseur qui prend son temps pour viser mais tire juste et rate rarement sa cible. On peut le

La présidence relative

convaincre, pas le berner. L'autre homme fort du palais du Luxembourg est Bruno Retailleau, président de l'imposant groupe LR, la colonne vertébrale du Sénat, un conservateur et même sur de nombreux thèmes un réactionnaire mais d'une vive intelligence, doté d'une culture vraie, d'une tradition idéologique issue tout droit de Maistre et de Bonald, et d'un sens de la formule impitoyable, souvent injuste, toujours cruel mais ayant aussi une autorité sur ses troupes faisant passer par comparaison Olivier Marleix et Éric Ciotti, respectivement président du groupe LR à l'Assemblée nationale et président de LR, pour des amateurs. Au total, des interlocuteurs nécessaires et difficiles, plus utiles cependant que la procession des leaders des partis politiques qu'il faut faire défiler interminablement des journées entières à l'hôtel de Matignon, en vain mais afin de respecter les rites républicains plus que jamais nécessaires en période de majorité relative.

Rencontres auxquelles il faut ajouter bien entendu les rendez-vous avec les leaders syndicaux impératifs, névralgiques même dans le climat social détestable et tendu qui submerge la France depuis le lancement de la réforme des retraites (voir aussi chapitre 3). Élisabeth Borne a une longue expérience de ces rencontres-là qu'il faut, quand ses interlocuteurs le veulent bien, faire précéder de multiples appels téléphoniques selon un rituel bien rodé : entre collaborateurs d'abord, puis entre directeurs de cabinet et secrétaires confédéraux, enfin entre la Première ministre (souvent précédée par le ministre du Travail Olivier Dussopt) et le secrétaire général de chaque syndicat. Cela se passe plus ou moins bien, cela reste rarement confidentiel mais ainsi le veulent les usages, ainsi l'impose la présidence relative, ainsi l'exigent les conflits sociaux en cours. Plus rarement, généralement pour conclure, positivement ou pas, Élisabeth Borne les reçoit ensemble... s'ils le veulent bien car ils sont plus ombrageux les uns que les autres, exigeant un traitement strictement égalitaire et un protocole sourcilleux.

L'ensemble de ces rencontres est chronophage. Quand les manifestations ou les grèves se succèdent, elles raccourcissent les nuits de tous et particulièrement d'Élisabeth Borne car Emmanuel Macron, lui, préfère recevoir les chefs d'entreprise que les leaders syndicaux. Si les grandes options se décident à l'Élysée, les négociations se passent surtout à l'hôtel de Matignon. Si le chef de l'État doit consacrer la moitié de son temps aux problèmes européens et internationaux, la Première ministre doit réserver la moitié de ses interminables journées de travail aux projets et aux conflits sociaux. Le poste de chef du gouvernement est le plus exténuant de la République. A *fortiori* quand, avec la présidence relative, l'exécutif s'efforce – comme c'est le cas – de multiplier l'utilisation des décrets pour éviter l'empilement des lois... et les obstacles ou les pièges qui abondent au Parlement. Or le pouvoir réglementaire est d'abord du ressort de la Première ministre et, sous son autorité, des membres du gouvernement. En période de crise comme aujourd'hui, le pouvoir est un rocher de Sisyphe qu'il faut faire rouler interminablement sur une pente de plus en plus ingrate.

La présidence relative

Car s'il est possible mais jamais simple de faire voter des textes techniques en période de majorité relative, la barre s'élève brusquement dès qu'il s'agit de réformes plus ambitieuses ou plus symboliques, celles qui portent la marque d'Emmanuel Macron et veulent incarner son projet. Aussitôt, c'est une bataille féroce qui s'engage. Les oppositions se mobilisent et n'hésitent pas alors à additionner leurs voix même si elles combattent le texte pour des raisons radicalement opposées. C'est pourquoi Gérald Darmanin a choisi (avec le feu vert de Matignon et de l'Élysée) d'inverser l'ordre de présentation de ses deux principaux projets de loi. Il voulait commencer par un texte ambitieux sur l'immigration dont il serait coresponsable avec le garde des Sceaux Éric Dupont-Moretti, forte personnalité, orateur redouté, polémiste de grand talent, convictions d'airain, se laissant parfois emporter par sa passion et submerger par son brio. Les deux hommes sont pour les oppositions aussi clivants l'un que l'autre. Le sujet lui-même, l'immigration, ultra-sensible chez les Français, enflamme la gauche, LR et le Rassemblement national pour des raisons radicalement antagonistes. Pas question de mettre en péril la session avec le spectre de la censure. Il est donc décidé de permuter l'ordre prévu, de repousser à la fin du printemps puis à l'été 2023 le projet de loi sur l'immigration, car son odyssée connaîtra de nombreux rebondissements, et de présenter à la place le texte sur la sécurité.

Celui-ci est également très clivant, très inflammable, se heurte naturellement lui aussi aux réquisitoires contradictoires des oppositions. Il a cependant une supériorité sur la question de l'immigration : bien que Gérald Darmanin ne soit pas en odeur de sainteté chez Les Républicains qui ne lui pardonnent pas d'avoir quitté leurs rangs en 2017 pour rejoindre Emmanuel Macron et entrer au gouvernement, il peut trouver chez eux les votes d'appoint nécessaires. Son projet comporte en effet des mesures de durcissement et des dispositions techniques précises qui correspondent tellement à leurs vœux qu'ils auraient pu les signer. C'est bien ce qui se passe : le projet de loi est adopté avec des votes venus de chez Les Républicains. En majorité relative, les textes techniques sont négociables mais les textes politiques demeurent des parcours d'obstacles piégeux qui tournent immanquablement à l'épreuve de force et menacent de provoquer une motion de censure. Il faut donc s'en approcher les mains tremblantes, pour reprendre une formule célèbre de Montesquieu, et avoir préalablement mesuré sur des balances de précision les votes probables et les abstentions vraisemblables. Dans ces conditions, plus le vote est politique, plus les précautions doivent être millimétriques. Gérald Darmanin a sauté l'obstacle avec son texte sur la sécurité. Il n'en est pas là avec le texte sur l'immigration.

Car celui-ci n'a toujours pas trouvé de solution, plus de six mois après qu'il a été envisagé de le présenter. Il est hyper-politique, donc hyper-dangereux. Il veut combiner à la fois des mesures restrictives envers les immigrés (raccourcissement du délai des procédures pouvant mener à l'expulsion pour les demandeurs

La présidence relative

d'asile, durcissement de la politique des visas, expulsion des délinquants, renforcement des moyens de contrôle aux frontières, allongement des délais de présence sur le territoire pour bénéficier des prestations sociales, etc.) et des mesures facilitant l'intégration (professions « en tension » justifiant la régularisation de travailleurs clandestins, apprentissage du français, etc.). Les premières plaisent à droite et déplaisent à gauche, les secondes déplaisent à droite et plaisent à gauche. En conséquence, le calendrier est plusieurs fois repoussé, il est même envisagé de scinder le texte en deux. Plusieurs dates de présentation en Conseil des ministres sont envisagées, le printemps, puis l'automne, puis derechef finalement l'été avec à l'arrivée un seul texte... jusqu'au prochain changement. La grande majorité des Français pousse en faveur du durcissement. Les Républicains vont dans le même sens mais font tout pour que ce soit au détriment du gouvernement. Sur ce sujet, la majorité relative semble plus relative que majoritaire. Emmanuel Macron le réformateur est ici longtemps empêché de réformer.

Il l'est d'autant plus que la bataille sur la réforme des retraites bat son plein au même moment. Elle restera comme le conflit le plus dur, le plus long, le plus âpre de la présidence Macron. Elle concerne tout le monde, chacun se sent donc impliqué et, on le constate vite, chacun se sent maltraité. Le climat politique tourne à l'orage, le climat social au rejet et à la rupture. La popularité du chef de l'État s'effondre, celle du gouvernement et de la Première ministre plonge. Les Français se rebellent contre l'élévation de la retraite à 65 ans puis 64 ans. Ils voient bien que partout en Europe, elle est plutôt de 66 ou 67 ans, qu'il s'agisse de gouvernements de gauche ou de droite, et que partout ce sont les mêmes raisons qui produisent les mêmes effets : le fléchissement de la démographie, l'allongement de l'espérance de vie produisent un déséquilibre mécanique qui met à terme en grand péril le financement des retraites. La France n'échappe pas à ce péril-là mais les Français ne veulent pas le savoir, ne s'en rebellent pas moins. Ils se refusent absolument à « perdre deux années de vie », comme le dit la CGT. Dans les manifestations, exceptionnellement nombreuses, on entend le slogan « métro, boulot, caveau ». Les Gaulois, plus réfractaires que jamais, rejettent avec fureur ce que leurs voisins ont accepté avec fatalisme. La presse européenne les observe avec un mélange d'admiration pour leur combativité, d'ironie pour leurs illusions, d'envie pour la générosité du bouclier social français et d'incompréhension devant la fureur des Hexagonaux. À ce stade, la question n'est plus de savoir si la réforme est bonne ou mauvaise – celle de 2019 était plus séduisante –, mais si elle est évitable.

Il est vrai que le gouvernement d'Élisabeth Borne gère particulièrement mal le conflit, ne parvenant ni à trouver un terrain de négociation avec les syndicats pour une fois unis, ni à négocier réellement avec Les Républicains, renfort nécessaire sur ce sujet, ni moins encore à justifier la réforme devant les Français (voir chapitre 3, « Le président des crises »).

La présidence relative

Emmanuel Macron, reconnaissant par la suite qu'il aurait dû prendre en main lui-même la campagne d'explication, réagit en employant une méthode proche de celle qu'il avait utilisée pour sortir du conflit avec les Gilets jaunes. Il revient sur le terrain (renouant après des semaines d'activité diplomatique intense), reprend de nombreuses visites en province, échange ostensiblement avec la population, souvent véhémente, multiplie les interviews de presse écrite et de télévision. Il fait tout pour expliquer après coup et pour tourner la page. Il recentre également peu à peu le débat, reprenant inlassablement sa thématique privilégiée, celle de la croissance par le travail, par l'investissement, par l'attractivité, par la baisse de la fiscalité, par l'allègement des réglementations sociales, toute une musique libérale-sociale qui se traduit par la baisse du chômage : le cœur du macronisme et la vraie épine dorsale de son action. Reste l'essentiel : comment continuer à réformer, à avancer, en somme à présider ? Avec qui ?

Sa chance, le préalable pour que la présidence relative demeure viable, c'est évidemment la discorde absolue, organique, l'incompatibilité entre les oppositions. Les Insoumis et la NUPES en général sont et ne peuvent être que les ennemis farouches du Rassemblement national et à un moindre degré les adversaires résolus et constants des Républicains. C'est aussi qu'à l'exception du RN qui se renforce, les oppositions ne se portent pas bien et même s'affaiblissent. La NUPES se fendille, se craquelle et, en son sein, les Insoumis se chamaillent. Les socialistes se divisent irrésistiblement.

Quant à LR, leur indiscipline et leurs rivalités personnelles les handicapent et les desservent. La plus grande force d'Emmanuel Macron, c'est qu'il ne peut y avoir d'alliances programmatiques entre les oppositions, même si elles peuvent constituer des fronts communs contre les textes gouvernementaux. En ce sens, les oppositions ponctuellement réunies pour stopper les projets de loi ou pour tenter des motions de censure ne constituent pourtant pas collectivement une alternative à Emmanuel Macron et à sa majorité relative. Elles ont un pouvoir de rejet, de blocage ou de censure, mais elles ne peuvent pas former une coalition alternative, elles ne peuvent pas constituer une majorité de rechange. Marine Le Pen peut aborder l'élection présidentielle de 2027 en solide position, elle ne peut pas former la moindre alliance parlementaire auparavant. En somme, personne n'a le pouvoir d'inventer une majorité pendant les quatre ans à venir, ni Emmanuel Macron, ni Marine Le Pen, ni Jean-Luc Mélenchon, ni moins encore Éric Ciotti. Le jeu à quatre est sans issue avant 2027. Une dissolution n'y changerait rien. Elle accentuerait les blocages sans dégager de majorité.

C'est pourtant une hypothèse que privilégie Jean-Luc Mélenchon. Le stratège de la gauche radicale parie toujours sur l'effervescence populaire, sur la fureur des manifestants frustrés de ne pouvoir empêcher la réforme des retraites, sur le durcissement des conflits dans leur phase finale. Si tous les moyens pour stopper la réforme échouent, la pression de la rue n'imposerait-elle pas une solution politique, censure du gouvernement, démission

La présidence relative

alors inévitable d'Élisabeth Borne, puis dissolution ? C'est en tout cas une hypothèse dont il escompterait pouvoir tirer les fruits. Jusqu'où ? Si une dissolution avait lieu, elle se ferait certes au détriment de la majorité mais pas forcément au bénéfice de la NUPES. La probabilité serait plutôt un recul de la majorité relative macronienne, un maintien ou plus vraisemblablement un léger fléchissement de la NUPES et, beaucoup plus probable, une nouvelle percée du Rassemblement national. Il n'empêche : la version mélenchonienne selon laquelle la passion populaire serait telle qu'une dissolution s'imposerait n'est pas un simple fantasme. Seulement une éventualité improbable.

La NUPES n'est d'ailleurs pas au mieux de sa forme. Chez les Insoumis eux-mêmes, l'euphorie des élections législatives s'est éloignée. Le choix mélenchonien de la radicalité théâtrale à l'Assemblée nationale est contesté. Les députés Insoumis (le parti n'est pas représenté au Sénat) ont appliqué depuis un an les mots d'ordre de gesticulation permanente, d'interruptions mélodramatiques, d'attaques personnelles injurieuses contre les ministres, de chahuts organisés, avec pancartes agitées ou hymnes entonnés, d'incidents de séances à répétition et par-dessus tout d'obstruction systématique à coups de milliers d'amendements pour empêcher le vote de l'article 7 de la réforme des retraites, celui qui élève l'âge de la retraite de 62 à 64 ans. C'est ce que voulait Jean-Luc Mélenchon – qui ne siège plus au Palais-Bourbon –, c'est ce qu'ils ont fait. Le spectacle offert, loin de séduire, a au contraire détérioré l'image de la NUPES, les sondages en attestent. La stratégie d'obstruction a déplu à ses partenaires socialistes, écologistes et communistes. Elle a divisé les Insoumis eux-mêmes. Un vote interne de leur groupe parlementaire n'a d'ailleurs été acquis que d'une voix.

Par ailleurs, l'affaire Quatennens (le très mauvais geste du jeune député alors numéro deux du parti, ayant giflé sa femme au cours d'une dispute en pleine procédure de divorce), les divisions entre mélenchonistes historiques et jeune garde du tribun, l'ascension spectaculaire dans l'opinion de François Ruffin à demi adoubé par Jean-Luc Mélenchon et, lors d'une élection législative partielle dans l'Ariège, la victoire inattendue d'une socialiste dissidente contre une députée Insoumise sortante, tout cela a créé un sensible flottement. L'électorat Insoumis, ulcéré par la réforme des retraites, tient bon mais la phase d'euphorie et de conquête semble passée. De plus, les relations avec les partenaires au sein de la NUPES se tendent à leur tour. Fabien Roussel, qui a beaucoup gagné en notoriété et en popularité, multiplie les critiques et polémique sans aucun complexe envers Jean-Luc Mélenchon. Il revigore un Parti communiste jusqu'alors vieilli et marginalisé. Il le fait contre Jean-Luc Mélenchon.

Chez les socialistes, le démon traditionnel de la division s'est de nouveau spectaculairement réveillé. Le PS est coupé en deux et même en trois, entre ceux qui, derrière le Premier secrétaire Olivier Faure, célèbrent l'union de la gauche retrouvée et admettent la primauté des Insoumis au sein de la NUPES, ceux qui, derrière le

La présidence relative

maire de Rouen Nicolas Mayer-Rossignol, souhaitent l'union mais refusent la soumission et ceux qui, avec Hélène Geoffroy, maire de Vaux-en-Velin, n'acceptent pas l'adhésion à la NUPES et prônent l'indépendance, discrètement inspirés par le maître tacticien François Hollande, toujours actif en coulisses. Si l'on y ajoute la Convention lancée par l'ancien Premier ministre Bernard Cazeneuve en dehors du PS mais dans ses faubourgs, loin de la NUPES mais proche de l'électorat de centre gauche, on constate que la coalition roule et tangue plus que jamais, d'autant plus que les écologistes, tout amarrés qu'ils soient à la NUPES, n'en entendent pas moins jouer leur propre carte à l'occasion des élections européennes de juin 2024.

Celles-ci constituent de toute évidence la prochaine grande échéance politique. Si la présidence relative résiste aux coups de boutoir des crises successives qui l'ont secouée, si elle n'est pas contrainte à une dissolution qui l'entraverait, qui la ligoterait, les élections européennes constitueront, notamment pour la NUPES et pour LR, un dur moment de vérité. Pour Jean-Luc Mélenchon, suivi en cela par toute la galaxie des Insoumis, une liste unique de la gauche s'impose, susceptible de dépasser les 20 % et de lorgner vers les 25 %. Pour Olivier Faure, c'est le choix de la subordination. Une liste d'ouverture menée de nouveau par Raphaël Glucksmann comme en 2019 est bien plus tentante. Pour Fabien Roussel, c'est le risque de perdre l'identité du PC et de le réduire au rôle peu exaltant de simple auxiliaire. Exclu. Pour les écologistes, à qui les élections européennes ont souvent réussi, présenter leur propre liste sera au contraire l'occasion de figurer en belle place, sans doute même en tête de la gauche. Européens convaincus, bien campés dans l'opposition, ils pourraient ratisser large à gauche, au centre gauche et chez les déçus du macronisme. Il est donc très peu vraisemblable qu'ils acceptent de renoncer à leur ambition et de se fondre dans une liste commune, d'autant plus qu'existe sur le fond un véritable antagonisme sur l'Europe entre les Insoumis et eux. Juin 2024 devrait donc mettre à rude épreuve la NUPES et donner ainsi un peu d'air à Emmanuel Macron.

D'autant plus que, sur l'autre aile, du côté de LR, il n'est pas sûr du tout que les élections européennes soient l'occasion d'un renouveau. Les Républicains sont en effet partagés entre deux sensibilités. Les uns sont des Européens réalistes, absolument pas tentés par le fédéralisme (contrairement aux Verts) mais acquis à la nécessité d'une Union européenne énergique et capable de défendre les intérêts du Vieux Continent. C'est le cas par exemple de Michel Barnier, ancien et efficace négociateur européen du Brexit, longtemps commissaire à Bruxelles, ou de Valérie Pécresse. D'autres sont des eurosceptiques brevetés comme François-Xavier Bellamy, leur actuel chef de file au parlement de Strasbourg ou Éric Ciotti, leur président. Ils attirent difficilement des macronistes désenchantés bien plus européens qu'eux et peuvent perdre les électeurs au bénéfice du Rassemblement national qui teinte désormais son nationalisme originel d'un

La présidence relative

souverainisme plus rassurant, voire de Reconquête et d'Éric Zemmour. *A priori*, LR ne constituera pas un péril pour Emmanuel Macron aux élections européennes, les Insoumis non plus. Les écologistes peuvent être plus séduisants pour les désappointés mais globalement les élections européennes pourraient constituer un répit pour le chef de l'État, une relégitimation, voire, dans l'hypothèse la plus optimiste, un début de cicatrisation des plaies nées du conflit des retraites. Face cependant à un Rassemblement national plus fort que jamais.

L'étrange groupe LIOT, associant des centristes nostalgiques, des élus d'outre-mer vindicatifs, des Corses autonomistes et d'ex-socialistes refusant la NUPES, constitue en revanche un péril inattendu. Il ne compte qu'une petite vingtaine de députés, il est le plus petit groupe de l'Assemblée nationale mais il est en passe de devenir le plus redoutable adversaire depuis le début de l'année 2023. Jusque-là, il était surtout regardé comme un renfort potentiel pour la majorité relative, désormais il devient l'artificier rêvant de faire sauter le vulnérable édifice macronien. C'est en effet lui qui a porté, à la grande satisfaction de toutes les oppositions, la motion de censure qui a bien failli emporter le gouvernement Borne, il s'en est fallu de neuf voix seulement (voir chapitre 3). La NUPES et Les Républicains n'acceptaient pas de voter une motion de censure présentée par le Rassemblement national. Celui-ci n'avait pas les mêmes scrupules et, contrairement à ses dires initiaux, aurait voté une motion de censure issue de n'importe quels rangs mais la gauche ne se prêtait pas au jeu.

Le Prince balafré

C'est alors que le groupe LIOT, quasiment inclassable dans son hétérogénéité organique, a fourni la solution en présentant sa motion de censure. Chacun a pu la signer sans se compromettre. Mise au vote, elle a bien failli passer.

Le Conseil constitutionnel ayant ensuite, comme on sait, rejeté les deux requêtes de la gauche, le palais de l'Élysée pouvait espérer respirer. Illusion ! c'est derechef LIOT qui a trouvé l'ultime solution pour tenter de bloquer sur le fil la réforme dont les décrets d'application étaient déjà en préparation. LIOT ou plutôt son membre le plus éminent et le plus inattendu : Charles-Amédée de Courson, digne héritier de deux familles aristocratiques admirées l'une et l'autre pour leur héroïsme durant l'Occupation. Député de la Marne depuis trente ans, issu du centre droit, ancien collaborateur du ministre ultra-libéral Alain Madelin, il est connu au Palais-Bourbon pour sa grande compétence en matière de finances publiques (il est d'ailleurs à l'origine magistrat de la Cour des comptes). C'est un membre éminent de la commission des finances, aussi strict que tatillon. Il ne plaisante pas avec les déficits et les ministres du Budget successifs le redoutent. C'est donc ce catholique conservateur (il a voté contre le mariage pour tous), cet austère spécialiste des comptes publics, naguère partisan déclaré de la retraite à 65 ans qui mue subitement en adversaire farouche de la réforme. Il est à l'origine de la motion de censure. Il saisit cette fois-ci une rare niche parlementaire de LIOT toute proche pour y loger une proposition de

La présidence relative

loi d'abolition de la réforme. C'est bien joué, habile et hardi pour ce qui concerne la procédure, totalement contraire sur le fond à tout ce qu'il a défendu avec illustration durant trente ans. Volonté de marquer pour son dernier mandat, accès d'hubris chez un homme de valeur jamais poussé au premier rang ou bien revanche d'un croisé du parlementarisme face à un exécutif trop dominateur, voire tout cela à la fois ? Quoi qu'il en soit, sa proposition de loi, acceptée par le bureau de l'Assemblée selon la tradition, rebat soudain les cartes.

Si elle va au vote, elle a des chances d'être adoptée par la Sainte-Alliance de toutes les oppositions. La réforme est alors enterrée au moment même où elle va entrer en vigueur. Comme face au vote de la motion de censure, l'exécutif et la majorité relative de l'Assemblée doivent choisir entre le risque de l'abrogation, une énorme claque, ou la certitude de l'impopularité. Il est assurément possible d'empêcher le vote en arguant de l'inconstitutionnalité de la proposition de loi. Celle-ci contrevient en effet manifestement à l'article 40 dans la Constitution interdisant des propositions de dépenses sans recettes équivalentes, ce qui est ici le cas. La commission des affaires sociales peut également voter l'abrogation de l'article 1 revenant sur les 64 ans. N'importe quel député, *a fortiori* n'importe quel groupe peut alors dans cette hypothèse saisir la présidente de l'Assemblée nationale. Bref, la majorité a la possibilité de bloquer la proposition de loi LIOT. Elle peut empêcher le vote et être condamnée à devoir le payer en impopularité et en ressentiment.

Le Prince balafré

Aller au vote serait en revanche une humiliation politique sans conséquence finale sur la retraite (jamais le Sénat ne l'acceptera) mais avec cicatrices politiques profondes. C'est une répétition du psychodrame de la motion de censure précédente qui se termine par un retrait sans gloire de la proposition de loi abrogative, faute de majorité s'esquissant. Un répit.

En attendant, c'est évidemment Marine Le Pen qui bénéficie de cette première année de majorité relative. Il faut le reconnaître : elle a mené durant ces trois cent soixante-cinq premiers jours une politique intelligente, cynique et cohérente. Elle sait que pour l'emporter à sa quatrième tentative il lui faut impérativement élargir son électorat. Elle est désormais implantée comme personne au sein de l'électorat populaire, il lui faut encore progresser dans les classes moyennes supérieures, chez les cadres, les professions libérales, ceux qui ont fait des études universitaires et par-dessus tout chez les retraités qui se méfient encore d'elle et votent en grand nombre. Pour cela, un seul mot d'ordre, la respectabilité. Donc, pas d'incartade ou de dérapage. Il s'agit pour ses députés d'apparaître sérieux, disciplinés et travailleurs. Assidus ils le sont mais fort peu productifs. Comme leurs propositions sont régulièrement recalées, ils ne sont pas très stimulés. En revanche, ils apparaissent bien plus sages que les Insoumis. Malgré leur savoir-faire pour jouer du règlement, ils restent néanmoins dans l'incapacité de faire passer le moindre texte et même le moindre amendement. Le plafond de verre est fendu mais pas brisé.

La présidence relative

Par ailleurs, à force d'apparaître comme quasi favorite pour 2027, Marine Le Pen devient peu à peu la cible générale. Elle a certes gagné en popularité et en estime dans l'électorat. On lui attribue beaucoup plus qu'avant des sentiments démocratiques et des capacités pour gouverner, bien que son programme demeure parfaitement populiste et souverainiste, *a fortiori* que son aptitude à gouverner n'ait jamais été mise à l'épreuve où que ce soit. Sur tous les bancs politiques, elle devient lentement la cible. Pas au point d'Emmanuel Macron certes, mais celui-ci ne sera pas candidat. Si le Rassemblement national arrive en tête aux élections européennes, Marine Le Pen sera mise sur le gril en permanence, sommée de préciser ses positions, ce que justement elle évite soigneusement de faire depuis la réélection d'Emmanuel Macron. Comme si cette fois-ci elle voulait être élue sur sa personne et non pas sur son programme.

En fait, Emmanuel Macron, vilipendé comme jamais pendant la bataille des retraites, aurait grand besoin du seul renfort susceptible de conforter sa majorité relative, celui de LR. Il peut, texte par texte comme on l'a vu, s'appuyer sur des majorités de circonstance, tantôt à gauche, plus souvent à droite. Pour poursuivre les réformes comme il en a l'intention et presque la passion, il ne peut lorgner que vers Les Républicains. Nicolas Sarkozy, leur leader historique, les exhorte à l'alliance, mais depuis 2022, son influence sur ses amis n'est plus ce qu'elle était. La moitié de l'électorat LR y est néanmoins favorable et sans doute au moins un tiers des parlementaires. Reste que la situation politique actuelle du chef de l'État n'est pas très attractive et qu'il y a plus au Palais-Bourbon d'anticipation de son affaiblissement progressif que de son renforcement.

Certes, la politique économique qu'il mène n'a rien pour déplaire aux LR, sa politique sociale non plus et sa politique étrangère encore moins. Mais en matière de culture, de mœurs et en général de questions de société, Les Républicains sont beaucoup plus conservateurs que lui. En matière régalienne – immigration ou sécurité –, les parlementaires LR se veulent nettement plus fermes et plus exigeants, voire brutaux, à l'Assemblée comme au Sénat. Rien n'est certes rédhibitoire, il s'agit plus de différence de degré que de nature. Ce n'est d'ailleurs pas un hasard si les principaux ministres d'Emmanuel Macron viennent de chez LR mais il faudrait pour aboutir à un accord là-dessus une véritable négociation. Emmanuel Macron ne l'a jamais qu'à moitié proposée et la réponse a toujours été jusqu'ici négative. Quant aux ministres marquants venus de LR (Le Maire, Darmanin, Lecornu), ils ne sont pas en odeur de sainteté chez leurs anciens amis. Il est vrai qu'en politique, rien n'est irréversible mais la nomination d'un de ces trois-là à l'hôtel de Matignon ne simplifierait pas forcément les choses.

En réalité, le problème est que Les Républicains ne sont jamais apparus comme des interlocuteurs très fiables. Ils n'ont cessé d'être prisonniers de leurs rivalités internes, de leurs dissensions perpétuelles, de leurs peurs de la marginalisation entre une Marine

La présidence relative

Le Pen conquérante et un Emmanuel Macron certes impopulaire mais toujours légitime et aux mains d'autant plus libres qu'il ne sera pas candidat à sa propre succession. Depuis le début de la réforme des retraites, Les Républicains n'ont pas arrêté d'être les principaux interlocuteurs d'Élisabeth Borne mais des interlocuteurs velléitaires, divisés entre eux et bien en peine de tenir parole. Tout poussait cependant à un accord, puisque le projet Macron cousinait ostensiblement avec celui voté chaque année par LR au Sénat. Tout, sauf la fiabilité. Bruno Retailleau, Gérard Larcher, Éric Ciotti et Olivier Marleix, les quatre burgraves de LR, sont partisans de la réforme. Cela ne suffit pas. En coulisses, Laurent Wauquiez reste ambigu, ne sachant pas trop où est son intérêt. Xavier Bertrand est hostile, au nom du gaullisme social qui ne l'avait cependant pas empêché de soutenir la réforme des retraites Sarkozy/Fillon. Quant à Aurélien Pradié, il se déchaîne, menant au triple galop la fronde qui le fait soudain connaître et l'identifie déjà en hussard populiste. Après dix concessions d'Élisabeth Borne, seuls les deux tiers du groupe ont suivi la direction du parti. Peu encourageant, périlleux même lorsque la majorité gouvernementale tient perpétuellement à un fil.

En fait, pour aboutir, la logique serait qu'Emmanuel Macron nomme un Premier ministre choisi parmi les dirigeants de LR afin d'arracher une alliance, mais la certitude est déjà que même s'il s'agissait de Gérard Larcher, le mieux placé, le seul ayant manifestement l'envergure de la charge, il ne parviendrait

Le Prince balafré

pas à entraîner l'ensemble des parlementaires Les Républicains. Ceux-ci se sont condamnés eux-mêmes à se diviser jusqu'à 2027. De toute façon, rien n'est possible avant les élections sénatoriales de septembre 2023, d'ici là c'est chacun pour soi. Rien n'est probable non plus avant les élections européennes de juin 2024. Si la majorité relative se sort bien de celles-ci, ce qui n'est pas acquis, et si Les Républicains s'en sortent mal, ce qui n'est pas certain, alors peut-être l'éventualité d'une alliance pourrait-elle ressurgir. Il faudrait pour cela que la position d'Emmanuel Macron se soit raffermie et que celle de LR se soit affaiblie. Cela fait beaucoup de « si », d'autant plus que c'est après les élections européennes de juin 2024, après les Jeux olympiques de juillet-août 2024 que les prétendants à l'élection présidentielle devraient se faire connaître. Qu'ils appartiennent à la majorité relative présidentielle ou qu'ils sortent des rangs de LR, ils pèseront évidemment très lourd sur l'hypothèse d'une alliance gouvernementale. Le plus logique est que le ou les prétendants membres de LR y soient hostiles, ne serait-ce que pour préserver leur socle, et que ceux LR d'origine entrés dans la majorité, soient plus ouverts ne serait-ce que pour élargir leur socle. Au total, une très hypothétique et très difficile alliance ne pourrait alors se nouer qu'à l'automne 2024. Peu vraisemblable.

Dans l'immédiat, pour Emmanuel Macron l'urgence est – cela va de soi – la reconquête de l'opinion, la réconciliation avec les Français. Une entreprise aussi urgente que malaisée, mais pas impossible. 75 % des

La présidence relative

Français étaient hostiles à la réforme des retraites, 75 % y demeurent allergiques. Entre le président et les citoyens, un fossé et même une crevasse se sont creusés. Les combler ne sera pas chose facile. Aux yeux de beaucoup, le chef de l'État s'est vu affublé d'une image de dureté et d'intransigeance, comme s'il était indifférent aux demandes, aux revendications, aux craintes et aux souffrances de la population. Il s'agit désormais de convertir sa réputation de dureté en image de fermeté, d'adoucir la présomption de dédain par une écoute bien visible. Tel est d'ailleurs l'objectif évident de la reprise des visites en province, à Marseille par exemple, et du dialogue scénarisé avec les Français. Dans tous les cas, inaugurations, rencontres, visites, interviews exigeront du temps, de la patience et une accessibilité bien perceptible, authentique donc risquée. Sortir de l'image redoutable du mépris et de l'éloignement.

Comme l'image, même travaillée, même adoucie ne saurait suffire, il y a et il y aura multiplication des gestes d'apaisements catégoriels qui ne convaincront pas tout le monde mais qui détendront le climat. C'est le sens, chacun l'a compris et les oppositions ne se priveront pas de le souligner, des baisses d'impôts annoncées, des luttes contre la fraude fiscale renforcées, des lycéens professionnels encouragés, des automobilistes rassurés, des enseignants ou des professionnels de santé ménagés. Rien de décisif, rien de spectaculaire mais un apaisement du climat social entamé. La reprise, même laborieuse, même grinçante des négociations avec les syndicats va dans le même sens. Une organisation du travail plus humaine, un partage de la valeur (à travers participation, intéressement et prime Macron) plus équitable, des salaires minima par branches professionnelles plus décents, une politique salariale plus dynamique, rien de révolutionnaire mais des encouragements méthodiques. Faute d'avancées fracassantes, sérieux budgétaire oblige, une multiplication de petits pas programmés, afin d'humaniser une image de président de glace et de réchauffer les dialogues congelés avec les syndicats et les collectivités locales.

Cela ne saurait suffire. La priorité du moment a pour nom inflation et des progrès rapides et perceptibles sur ce terrain constituent un inévitable préalable à toute amélioration ou plutôt à toute restauration de l'image présidentielle. Un succès sur ce terrain pèserait bien davantage que le remaniement ministériel ou même qu'un changement de Premier ministre. De même, plus qu'une alliance parlementaire jusqu'ici introuvable ou qu'une réforme des institutions qui risquerait de s'enliser dans l'indifférence, des décisions vigoureuses et compréhensibles en matière de sécurité et d'immigration s'imposent, tant le sentiment d'échec et d'illisibilité domine dans ce domaine. Pas de réconciliation possible avec les Français sans reconquête du régalien, c'est-à-dire l'équilibre jusqu'ici introuvable entre la fermeté nécessaire et le respect sans ambiguïté des droits individuels. Vaste programme.

Le léger fléchissement des prix fait cependant espérer un recul progressif de l'inflation. Le maintien de la note attribuée à la France par l'agence Standard and

La présidence relative

Poor's, la plus réputée, offre au moins un répit à Bruno Le Maire. Un début de dédramatisation, sinon de véritable regain de confiance s'esquisse. Après la crise des Gilets jaunes, puis celle du Covid, Emmanuel Macron avait déjà dû sortir de l'enfer du rejet pour le purgatoire du ressentiment. Un moindre mal. Si sa politique économique – son point fort – tient bon, il peut redevenir estimé, sinon aimé par une fraction significative des Français.

Encore fallait-il que l'âpre bataille de la réforme des retraites eût enfin atteint son épilogue. C'est chose faite. Le bilan est amer pour tout le monde. Malgré la longue et imposante mobilisation populaire, malgré l'unité syndicale maintenue jusqu'au bout, malgré la guérilla parlementaire féroce menée par la NUPES de Jean-Luc Mélenchon et par le groupe parlementaire LIOT de Charles-Amédée de Courson, mollement soutenue par le Rassemblement national ainsi que par un tiers des députés LR, les plus farouchement anti-macronistes, malgré tout cela, la loi est promulguée. La tentation de présenter au vote la loi d'abrogation avant l'été ayant été piteusement abandonnée, les premiers décrets d'application sont publiés. La mise en œuvre de la réforme commencera dès le 1er septembre. Il en restera une rancœur indélébile contre Emmanuel Macron, contre son gouvernement et contre les élus de sa majorité relative. Cette réforme s'identifiera au chef de l'État pour toute une génération. Elle demeurera comme la mesure totémique du deuxième quinquennat.

Le Prince balafré

C'est le choix tout à fait conscient qu'avait fait Emmanuel Macron. C'est une bataille coûteuse qu'il a gagnée. Malgré l'étrange langueur de sa campagne législative, il était bien résolu à poursuivre sur la route très bosselée des réformes afin de mener à son terme sa logique de modernisation économique, d'investissements, de réindustrialisation, d'attractivité, de croissance et de recul du chômage. Elle passait à ses yeux par une réforme des retraites. La meilleure ? Ce n'est pas sûr. Une réforme nécessaire ? Sans doute. La majorité relative en est-elle affaiblie ? Chaque camp a exploité toutes les ressources de la Constitution et des règlements des assemblées. Le Parlement est redevenu un lieu de combat comme jamais depuis 1958. Le rapport des forces en est-il durablement modifié ? Pas vraiment. Chaque future réforme sera un nouveau bras de fer, chaque futur projet de loi un match. La présidence est bien relative, mais la fermeté d'Emmanuel Macron est installée. Ce chef de l'État préfère l'impopularité à l'inaction.

Dans une France déchirée, il n'est cependant pas à l'abri d'une explosion sociale, d'un déferlement de violence, voire d'une crise financière internationale soudaine. C'est ce que viennent de rappeler cruellement les nuits d'émeutes et de pillages, totalement inattendues, terriblement spectaculaires, qui se sont succédé à partir du 27 juin. On n'avait pas connu pareille épreuve depuis les émeutes des banlieues de 2005. La rage et la haine d'adolescents choqués par la mort d'un jeune de 17 ans, tué par un policier lors d'un contrôle

La présidence relative

routier, a tourné en vingt-quatre heures en un déchaînement de violence tel qu'il a fallu la mobilisation de quarante-cinq mille membres des forces de l'ordre six nuits de suite pour le stopper. Le monde entier, abasourdi, a pu voir des dizaines de quartiers en flammes. La presse populaire anglo-saxonne annonçait déjà une guerre civile franco-française. On reviendra sur l'ampleur, les ressorts et l'inquiétante originalité de cet épisode qui a profondément marqué et choqué les Français (voir chapitre 3).

Emmanuel Macron a bien réagi face à ce choc de violence et de fureur. Il a sur-le-champ condamné ce tir mortel qu'il a qualifié d'« incompréhensible » et d'« inexcusable ». Il est vrai que la vidéo tournée par un témoin était implacable et qu'elle a aussitôt fait le tour des portables de la France entière. Elle ne pouvait manquer de déchaîner l'indignation et la fureur d'adolescents voyant l'un des leurs abattu quasiment à bout portant. Toute forme d'indifférence, tout manque d'empathie aurait immanquablement fait redoubler la fureur. Ce n'était pas le moment d'un discours sécuritaire. Les forces de police et de gendarmerie ont donc reçu initialement des consignes de retenue, ce qui a permis d'éviter de nouveaux drames. En revanche, dès que la colère a tourné au déchaînement d'incendies et de pillages, le chef de l'État a vigoureusement fustigé des actes « inacceptables ». Il a donné alors des ordres de fermeté. Du côté de l'exécutif, la crise a été correctement gérée, avec une Élisabeth Borne peu douée pour exprimer ses émotions, plus polytechnicienne que bateleuse, mais visiblement affectée par le drame et résolue à combattre l'émeute et surtout un Gérald Darmanin omniprésent, énergique, donnant le ton et incarnant l'ordre républicain. Le contraire du fiasco du Stade de France.

À l'opposé, Jean-Luc Mélenchon est retombé dans les errances de son romantisme révolutionnaire, se refusant à lancer un appel au calme et à dénoncer la violence, listant même maladroitement les cibles à protéger (écoles, hôpitaux, mairies), comme si les boutiques, les agences financières ou d'assurance et les grandes surfaces n'étaient pas dignes d'être défendues. Il y a des circonstances où l'exaltation du verbe, surtout aussi claquant et retentissant que celui du triple candidat à l'élection présidentielle, peut se retourner contre son auteur. Ce fut ici le cas, et aussitôt la NUPES s'est fissurée plus que jamais, socialistes et communistes critiquant ouvertement le leader des Insoumis, la préparation des élections sénatoriales et européennes élargissant de surcroît les brèches. Le Rassemblement national a, lui, aussitôt dénoncé véhémentement le lien entre immigration, violences et pillages, sachant que dans ces circonstances il serait plébiscité par son électorat. Marine Le Pen est cependant restée discrète. Quant aux Républicains, après s'être montrés solidaires de la fermeté gouvernementale, ils n'ont pu s'empêcher de tomber dans la surenchère, réclamant par exemple l'état d'urgence et des couvre-feux qui risquaient fort de relancer l'embrasement sans même pouvoir être respectés.

La présidence relative

Face à l'épreuve et au risque de tragédie, le spectacle politique n'a donc pas été réconfortant. Les déchirures de la société française, incandescentes dans la rue, étaient aussi bien visibles au Parlement. Les divisions y ont éclaté au grand jour. Emmanuel Macron a peut-être empêché l'explosion de s'étendre et de durer, il ne peut espérer réduire de façon significative avant la fin de son mandat les fractures qu'elle révèle ou confirme.

Chapitre 3
Le président des crises

Tous les présidents de la Vᵉ République ont affronté des crises, mais seul Emmanuel Macron n'a connu que des crises. La question est évidemment de savoir ce qui tient aux circonstances, à son tempérament personnel, à son idéologie propre, à ses méthodes spécifiques ou aux humeurs rebelles des Français.

Le général de Gaulle lui-même a dû faire face à des crises majeures. Le plus illustre des Français a beau être entré au palais de l'Élysée auréolé du double prestige du héros de 1940 et du père fondateur de la Vᵉ République, il a dû dompter le putsch des généraux d'Alger et essuyer la tornade de Mai 68. En dix ans de présidence, il a alterné coups d'éclat et initiatives disruptives. Son règne n'a pas été un long fleuve tranquille, mais les prouesses et les réformes ont finalement marqué davantage que les crises. Georges Pompidou a connu un quinquennat beaucoup plus paisible et nettement moins controversé. Sa maladie l'a assombri et sans doute freiné dans son élan. Il a dû faire face en fin de mandat à l'irruption de la première grande crise pétrolière dont il a su tirer sur-le-champ les conséquences (lancement immédiat du grand programme

Le Prince balafré

nucléaire Messmer). Auparavant, la France pompidolienne était néanmoins presque sereine. Là encore, les crises n'éclipsaient pas la conduite des affaires et le cours ordinaire des choses.

Valéry Giscard d'Estaing n'a pas non plus été épargné par les crises : flambée du cours du pétrole, irrésistible ascension du chômage, affaire des diamants, il a dû affronter maintes adversités. Il a connu cependant une période de grâce (1974-1976) et a remporté d'ostensibles succès, notamment sur les questions européennes et de société. Et c'est ce qui restera de lui. Plus que les crises ? Voire. François Mitterrand a rencontré de nombreux obstacles économiques (trois dévaluations sanctionnant ses choix initiaux), sociétaux (la grande querelle de l'enseignement privé) et politiques (la première cohabitation), mais lui aussi a connu la popularité en 1981 et en 1988, et lui aussi a obtenu de grandes satisfactions correspondant à ses objectifs en matière sociale ou en politique étrangère. Il a dû gérer des crises mais pas au point de rester comme un président de crises. Les deux mandats de Jacques Chirac n'ont pas davantage été de tout repos. Grève historique de 1995, cohabitation de 1997 à 2002, émeutes des banlieues et blocage du CPE (contrat première embauche) en 2006 mais son refus éclatant de la deuxième guerre du Golfe et les trois ans bien gérés du gouvernement Raffarin lui ont valu de longues plages d'apaisement.

Évidemment, la présidence Sarkozy apparaît plus tumultueuse. Comment en serait-il autrement alors

Le président des crises

que le vainqueur de 2007 a dû faire face à trois crises économiques et financières majeures en cinq ans ? Mais, outre qu'il s'agissait de crises internationales qu'on ne pouvait en rien lui attribuer et qu'il a contribué à résoudre, il a aussi imposé une nécessaire réforme des retraites, fait voter (sur le fil) une très judicieuse réforme constitutionnelle et, chose rarissime, marqué des points en matière de sécurité. La présidence de François Hollande a dû affronter la terrible épreuve des attentats, ce qu'elle a réussi à faire avec dignité et solidité, et aussi une crise européenne qu'il a largement contribué à dénouer, mais encore des conflits sociaux à répétition qui heurtaient ses convictions de gauche, plus une fronde destructrice et masochiste venue de ses propres troupes. Il a cependant mené une politique étrangère décidée, courageusement choisi de changer de politique économique et démontré qu'il était sans doute le plus authentiquement démocrate des présidents de la Ve République. Son style apaisé, sa bonhomie malicieuse visaient à détendre une société crispée. Son mandat non plus ne justifierait pas l'appellation de présidence des crises.

Il en va tout autrement d'Emmanuel Macron. Il est l'homme des crises, de toutes les crises. Pas seulement des crises ? Assurément. Il a aussi mené des politiques fortes (l'Europe, la fiscalité, l'apprentissage, l'attractivité de la France, les start-up, le renforcement de la défense et de la justice, etc.) mais pour le coup, les crises l'emportent sur tout le reste, l'éclipsent et trop souvent l'effacent. En réalité, le plus jeune président de la Vᵉ République est lui-même né d'une crise et a conquis le pouvoir à l'occasion de cette crise : effondrement soudain des deux grands partis de gouvernement de la Vᵉ République (LR et PS), progression simultanée de l'extrême droite et de l'extrême gauche, malaise général, anxiété collective, tensions multiples. Tout un système politique vacillait. L'audace d'Emmanuel Macron, la curiosité et parfois l'admiration qu'il suscitait en 2017, l'agilité avec laquelle il a su tirer profit des circonstances, sa dimension iconoclaste aussi l'ont porté au pouvoir. Il n'en est pas moins né d'une crise et n'en a pas moins, dès le départ, été identifié aux crises qu'il a combattues avec des bonheurs variables. Il est inexorablement devenu le président des crises, à la fois déclencheur, tantôt coupable tantôt victime, tantôt vainqueur sur le fil de ces drames, tantôt marqué pour longtemps par l'épreuve de force.

En fait, sous Emmanuel Macron, il n'y a eu de « présidence normale » qu'une seule année, la première. Alors, il intéresse et il intrigue, même s'il ne rassure pas. Il réforme bon train, comme il l'avait promis (droit du travail, statut des cheminots, formation professionnelle), il inaugure des relations périlleuses qui se veulent très personnelles au plus haut niveau, avec Donald Trump et Vladimir Poutine. Il s'est même lancé un étrange défi à lui-même : face à deux intervieweurs particulièrement redoutables, Jean-Jacques Bourdin (BFM) et Edwy Plenel (Mediapart), il fait preuve de sa maestria et de son agilité habituelles, de sa pugnacité aussi. Un exercice à haut risque, auquel aucun de ses prédécesseurs n'avait même songé se frotter et dont il est sorti à son avantage.

L'affaire Benalla, première grande crise du premier quinquennat, ruine tout cela. Autant le dire d'emblée, elle apparaît avec le recul totalement disproportionnée. C'est l'extrême maladresse du chef de l'État et la pugnacité tortueuse du Sénat qui en ont fait un évènement politique, causant le premier trébuchement d'Emmanuel Macron. Alexandre Benalla était un collaborateur hétérodoxe et de second plan du candidat puis du président Macron. Homme à tout faire, garde du corps, messager, chargé de mission à l'Élysée, toujours disponible, toujours actif, toujours fidèle, toujours présent, il est aussi dévoué qu'imprudent, aussi vif qu'inconscient, aussi attentionné que dangereux. La famille Macron l'aime bien. Passionné par les questions de sécurité, il tient à voir sur le terrain comment travaillent les forces de l'ordre face aux manifestations et, sortant brutalement de son rôle d'observateur, bouscule violemment deux manifestants. Il n'a pas à être là, il n'a évidemment pas à se comporter ainsi. L'affaire n'est pas dramatique, heureusement aucune blessure significative, mais bien entendu elle fuite.

Au cabinet présidentiel, on tente maladroitement de l'aider. Lui-même se met à nouveau en faute en entravant l'enquête judiciaire. On apprend qu'il utilise frauduleusement un passeport diplomatique et qu'il a quelques contacts ambigus. C'est un collaborateur de troisième rang qui commet des sottises. On en fait une affaire d'État. La presse s'enflamme, l'opposition, trop heureuse, fulmine. La popularité d'Emmanuel Macron s'effondre. Pour l'opinion, il perd d'un seul coup ce qui faisait son originalité : un homme neuf, différent, n'appartenant pas au monde politique, symbolisant une forme de modernité. Voilà qu'on lui découvre un collaborateur embarrassant, néanmoins protégé par le cabinet ministériel comme dans un mauvais roman. Du fracas des polémiques surgit l'idée qu'il n'y a donc ni exemplarité macronienne ni différence macronienne. Il est immédiatement banalisé et rapetissé.

À cela, deux facteurs puissamment aggravants qui font d'une péripétie une quasi affaire d'État : la politique de communication aberrante que choisit Emmanuel Macron et la vindicte du Sénat. La présidence de la République se tait et occulte l'affaire de façon inconsidérée et illégale. Lorsque le président lui-même prend la parole, c'est de façon si provocatrice et inadaptée qu'elle désespère ses partisans. Outre qu'il lance lors d'une improvisation : « Alexandre Benalla n'a jamais été mon amant », nasarde qui choque le cœur de son électorat, il se croit obligé de défier ceux qui l'accusent de protéger un délinquant en clamant : « Qu'ils viennent me chercher », ce qui ressemble plus à une provocation d'étudiant qu'à un langage présidentiel.

Le Sénat, principal îlot de résistance face au raz de marée macroniste, saute littéralement sur l'occasion, lance une commission d'enquête théâtrale qui

Le président des crises

travaillera six mois, multipliera les auditions retransmises en direct à la télévision avec un énorme succès d'audience et met tout en œuvre pour démythifier celui qui vient de balayer la droite et la gauche. Les rapporteurs se transforment en procureurs venimeux, les questions des membres de la commission d'enquête sont autant d'offensives politiques. La commission n'hésite d'ailleurs pas à mordre les frontières de la séparation constitutionnelle des pouvoirs pour mettre sur le gril les principaux membres du cabinet élyséen. Ce qui est juridiquement plus que contestable. Il ne s'agit pas de faire la lumière sur une affaire plus irresponsable que ténébreuse mais de mener la première contre-attaque vigoureuse contre le vainqueur de 2017. Avec succès.

Elle s'inscrit aussi dans l'épreuve de force qui s'installe à ce moment entre les collectivités locales et le chef de l'État, entre les corps intermédiaires et Emmanuel Macron. Dès son entrée au palais de l'Élysée, le président atypique a manifesté un dédain téméraire pour le complexe camaïeu français de communes, de cantons, de départements et de régions. Il a ainsi déplu sur-le-champ aux puissantes associations de maires, de conseils départementaux et de conseils régionaux. Il s'est également aliéné sans attendre les syndicats, déjà prévenus contre lui, en faisant comprendre que leur rôle était selon lui plus utile au sein des entreprises qu'au niveau national. Le Sénat s'est bien entendu fait le porte-parole des collectivités locales délaissées et des corps intermédiaires décriés. Gérard

Le Prince balafré

Larcher, redoutable et puissant président de la Haute Assemblée, l'un des trois ou quatre poids lourds politiques français, se fait un plaisir de bloquer la réforme des institutions qu'esquissait Emmanuel Macron. Première crise aux effets funestes.

La deuxième fait irruption aussitôt après. Cette fois, il ne s'agit pas du tout d'un incident lamentablement géré qui tourne mal, s'amplifie et s'agrège à d'autres ressentiments mais au contraire d'un phénomène social inédit par ses formes, ses ressorts et son ampleur. Un phénomène d'une originalité et d'une combativité qui marquent profondément l'Hexagone mais impressionnent et intriguent bien au-delà de nos frontières : les Gilets jaunes. Sans doute l'épisode sociétal le plus inattendu, le plus révélateur, le plus impressionnant, le plus violent aussi, de très loin, depuis Mai 68. Il bouleverse la France et oblige Emmanuel Macron à inventer, improviser et surtout incarner lui-même une réplique aussi inédite qu'audacieuse.

Il s'agit en fait d'une révolte, comme la France en a connu tout au long de son histoire, la première révolte tricolore du XXIe siècle. Elle s'inscrit dans la longue litanie qui va des Maillotins du XIVe siècle aux canuts en passant par la Caboche, les croquants, la guerre des farines ou les Bonnets rouges (les premiers Bonnets rouges bretons, sous Louis XIV) et dix autres. Cette fois, elle naît du prix de l'essence et d'un projet de taxe carburants qui soulèvent spontanément toute une population modeste. Une pétition de Priscillia

Le président des crises

Ludosky, une activiste, recueille en un clin d'œil un million de signatures. Le 17 novembre 2018, une première journée de manifestations réunit 300 000 personnes à travers toute la France. Elle va se poursuivre avec des hauts et des bas jusqu'à la fin du printemps 2019. Elle tétanise toute la France.

Sa forme est inédite. On ne pille pas et on ne brûle pas les châteaux comme sous l'Ancien Régime. On ne détruit pas l'outil de travail comme au XIXe siècle, on se réunit, on s'installe, on campe autour des ronds-points. C'est un symbole. Au départ, il s'agit d'un soulèvement d'automobilistes excédés par les prix des carburants. Des chauffeurs routiers s'y mêlent bientôt. Avant la Révolution, le prix du blé ou l'annonce d'un impôt nouveau faisait se dresser le peuple. Désormais, c'est le coût de l'essence, du diesel, du fioul qui mobilise. Il touche plus particulièrement la France périphérique, ceux qui en province habitent loin de leur lieu de travail, sont mal reliés aux villes et dépendent de leur voiture. On apprendra progressivement qu'il s'agit souvent d'artisans, de petits patrons, de travailleurs modestes, ouvriers ou employés, de nombreuses femmes, de jeunes aussi. Ils appartiennent globalement à ce que l'on appelle les classes moyennes inférieures ou les classes populaires. Ils ont des fins de mois difficiles, considèrent leur véhicule – généralement ancien – comme un outil de travail, comme le symbole de leur autonomie, comme ce qui les relie aux commerces, aux loisirs, aux hôpitaux ou aux administrations. Leur lien avec le monde réel.

Ils portent ces gilets jaunes, obligatoires dans chaque voiture, comme un signe de reconnaissance. Ce sont des citoyens amers, envahis, submergés de ressentiment qui se sentent délaissés, ignorés, oubliés, méprisés. Ils se vivent marginalisés par une société qui à leurs yeux ne les protège pas, ne les comprend pas, ne les écoute pas. Ils détestent les métropoles qui leur semblent appartenir à un autre monde, bien plus prospère, privilégié par l'État et par les services publics. Ils ignorent d'ailleurs qu'elles abritent aussi, à côté des « bobos » qu'ils abhorrent, une population tout aussi démunie que la leur, parfois plus déshéritée. Ils ne se sentent pas davantage proches des banlieues périurbaines ni des « quartiers », à leurs yeux sulfureux. Ils n'ont confiance en rien ni en personne. Ils se défient de Paris et du pouvoir central dont ils croient qu'ils les abandonnent. Ils se méfient de la politique, rejettent un gouvernement qui, pensent-ils, ne les comprend pas. Ils n'aiment pas Emmanuel Macron, ce président étrange, si lointain, si distant, tellement citadin. Ils aiment encore moins Bruxelles, l'Europe, la mondialisation, ce nouveau monde dont ils se sentent de plus en plus éloignés et qui, croient-ils, les ignore. Ils se vivent comme des déclassés qu'on oublie. Ils se laissent envahir par le fiel de l'amertume et du ressentiment.

L'originalité profonde de leur mouvement tient à sa spontanéité et à son absence totale d'encadrement. Ils sont le contraire même des grandes manifestations sociales classiques, encadrées par les syndicats, protégées par leur service d'ordre, suivies par les politiques, relayées par la presse et par les grands médias. Eux sont nés sur les réseaux sociaux, ont découvert des sites qui parlaient leur langage, exprimaient leurs sentiments, exhalaient leur amertume, prêchaient leurs revendications. Ils ont trouvé des blogs qui leur parlaient, qui les incarnaient. Leurs portables et leurs ordinateurs sont devenus leurs messagers, leurs oreilles et leur voix. Ils se regroupent en cercles numériques. Ils n'ont aucune organisation, pas de structure, pas de moyens financiers, pas de leaders. Tout juste auront-ils des porte-parole éphémères auxquels ils ne concéderont aucune autorité et qu'ils rejetteront dès qu'ils auront la tentation de se comporter en chefs de file. Du coup, ils auront toujours le plus grand mal à esquisser un dialogue avec les autorités, *a fortiori* à négocier avec les forces de l'ordre, faute de responsables désignés. Ils incarneront donc un spontanéisme tenté par la radicalité et par la violence. Difficile à canaliser.

Certes, il y a aussi dans leur mouvement une demande de solidarité, de partage, de communication. Sur les ronds-points, le climat peut être bon enfant, des groupes d'habitués se forment, des liens se créent, des amitiés se forgent, des *modus vivendi* s'organisent parfois avec les autorités locales. On échange nourriture et boisson, on est quelquefois alimenté par ceux qui vivent à proximité ; il y a, c'est logique de la part de ceux qui se sentent oubliés ou négligés, une demande de chaleur humaine, de reconnaissance, de considération. La tentation de la violence existe cependant, des incidents se multiplient, barrages, filtrages, blocages qui parfois dégénèrent. Et puis, inévitablement, les manifestations dans les grandes villes, dans les métropoles, à plus forte raison à Paris, la capitale maudite, les manifestations se tendent. Des débuts d'émeutes s'esquissent. Les Gilets jaunes, c'est aussi le retour de la haine de classe, cette haine qui s'atténuait pourtant depuis quelques décennies et qui ressurgit, qui suinte des cortèges. Les slogans sont menaçants, banderoles et pancartes fulminent, Emmanuel Macron est parfois pendu en effigie ou bien guillotiné. La fureur gronde.

Avec les forces de l'ordre, les affrontements se multiplient. De part et d'autre on déplore brutalités et violences. Au total, on enregistrera 4 439 blessés et même des morts. C'est beaucoup, c'est choquant, c'est dangereux. Week-end après week-end, les manifestations se font de plus en plus violentes au grand désespoir des commerçants dont la clientèle prend la fuite et dont parfois les vitrines sont défoncées. Novembre et décembre 2018 voient les Champs-Élysées envahis, l'Arc de Triomphe mutilé, des boutiques de luxe attaquées ou pillées. Même après les annonces d'Emmanuel Macron, la tension ne retombe que partiellement. Les premiers mois de 2019 demeurent encore orageux. Les cortèges s'éclaircissent mais se radicalisent. Les black blocs qui se réclament de l'ultra-gauche et n'ont rien à voir avec le mouvement se déchaînent. Il y a des scènes de pillage, des bandes de voyous profitant de l'occasion. La tension ne baissera vraiment qu'avec le printemps. La jacquerie des Gilets jaunes aura profondément marqué les esprits, chacun prenant conscience de la fureur et du désarroi d'une fraction inattendue de la population. Les manifestations des Gilets jaunes ont d'ailleurs bénéficié longtemps d'un soutien de l'opinion, avant que les scènes d'émeutes et de violences ne découragent les sympathies.

Emmanuel Macron, comme tout le monde, comme le gouvernement, comme les parlementaires, comme les observateurs, n'avait rien vu venir. Le mouvement est d'ailleurs si singulier, tant par sa forme que par la fraction de la population soudain révoltée, que même les syndicats sont surpris. Le président perçoit vite en revanche qu'il est directement et personnellement ciblé, les slogans et les calicots ne laissent aucun doute là-dessus. Il ne lui échappe pas non plus que le palais de l'Élysée a même été visé, qu'on a beaucoup scandé « Macron démission ». Il prononce donc le 10 décembre 2018 une allocution solennelle à la télévision où il annonce toute une série de mesures qu'il a lui-même déterminées : prime d'activité de 100 euros dite « prime Macron » pour les plus modestes, baisse des premières tranches de l'impôt sur le revenu, indexation partielle des retraites, création de Maisons des services publics, l'addition est lourde, de 11 à 13 milliards selon les décomptes. Cela résonne comme une rectification, l'aveu implicite que les difficultés des Français avaient été sous-estimées, qu'une politique économique dynamique n'empêchait pas les souffrances sociales.

 Beaucoup plus originale que cette correction de trajectoire somme toute classique, une lettre aux Français publiée à la mi-janvier 2019 annonce les thèmes et la méthode d'un « grand débat » qui va se dérouler durant trois mois. Pour le coup, c'est une nouveauté, un pari, une expérimentation très macronienne, du jamais-vu. Une audace, une prise de risques. Il y aura des « cahiers citoyens » qui exhalent un parfum des cahiers de doléances précédant les États généraux sous la monarchie. Il y aura surtout, c'est la grande nouveauté, c'est le quitte ou double, une pérégrination, presque un pèlerinage d'Emmanuel Macron à travers toute la France pour rencontrer des citoyens, échanger avec eux, écouter leurs questions, leurs demandes, leurs revendications, et leur répondre sur-le-champ. Pour ceux qui ont de la mémoire, cela évoque vaguement la campagne des banquets républicains sous le règne de Louis-Philippe ou plus tard les tournées de Gambetta à travers toute la France. Ce n'en est pas moins une initiative très personnelle, passablement risquée, à coup sûr originale. Un défi qu'Emmanuel Macron se lance à lui-même pour s'expliquer et ouvrir une nouvelle étape.

 Même ses adversaires, ses dénigreurs et ses contempteurs – il n'en manque pas – l'ont généralement reconnu : le « grand débat » est un succès. Emmanuel Macron, inlassable, multiplie les rencontres dans toute la France, organisées par des élus locaux de bonne

Le président des crises

volonté, évidemment plutôt macronistes mais où les questions fusent, parfois préparées, parfois non, et auxquelles le président répond des heures durant avec un plaisir manifeste, une connaissance des dossiers évidente et une volonté d'empathie qui tranche sur son image de distance et de hauteur. C'est une jolie performance intellectuelle et même physique. Elle contribue à détendre le climat, on mesure ses effets dans les sondages et sur l'image personnelle du chef de l'État. Aux élections européennes de mai 2019 (gagnées sur le fil par le Rassemblement national), aucune des deux listes des Gilets jaunes n'atteint 1 %.

Avec Emmanuel Macron, d'une crise à l'autre on peut à peine reprendre son souffle. Celle des Gilets jaunes vient tout juste de s'achever et marque encore violemment les mémoires, que la crise de la première réforme des retraites menace. Depuis l'été, rencontres, consultations, négociations n'ont pas cessé un instant de se succéder, mobilisant experts, politiques et surtout syndicats. On ne peut pas dire que les conciliabules aient été escamotés. Emmanuel Macron a en effet une grande ambition, affichée durant sa campagne présidentielle de 2017 : mettre enfin sur pied un système ambitieux et novateur pour les retraites. Sortir du système aberrant qui fait coexister tant bien que mal, et plutôt mal que bien, quarante-deux régimes de retraites différents. Bâtir enfin un régime par points universel, bien plus lisible, bien plus équitable, bien plus réellement solidaire sur le modèle qu'ont réussi les gouvernements sociaux-démocrates suédois. Ce serait évidemment une véritable révolution et la réalisation serait, on ne peut le nier, très complexe, tant cela remettrait radicalement en cause des situations acquises, des bastions autonomes, des prés carrés multiples, à commencer par les régimes spéciaux ainsi que par les caisses autonomes de plusieurs professions libérales. Il n'empêche, ce serait neuf, hardi, moderne comme rêve de le démontrer Emmanuel Macron. Une grande victoire sur le conservatisme français et sur le puzzle bureaucratique. Atout précieux, la CFDT de Laurent Berger se montre intéressée. En cas de succès, cela deviendrait la réforme emblématique du quinquennat.

À l'époque, dans son enthousiasme, Emmanuel Macron s'intéresse beaucoup moins aux mesures d'âge et juge même « hypocrite » l'hypothèse de relever l'âge de départ à la retraite à 65 ans. D'ailleurs la CFDT, ouverte sur un régime universel à points, ne veut clairement pas de mesure se concentrant sur l'âge. La réaction des autres syndicats est en revanche quasi unanime : c'est non, mille fois non. La CGT et Solidaires sont en pointe de ce front du refus mais les syndicats plus modérés ou plus catégoriels sont tout aussi hostiles. C'est la mobilisation générale. Le 5 décembre 2019, la bataille frontale commence par une journée de mobilisation impressionnante : le ministre de l'Intérieur compte 800 000 manifestants à l'échelle nationale. Ce n'est qu'un début. Manifestations et grèves vont durer cinquante-cinq jours, un record. Les cheminots sont en flèche et se battent jusqu'au bout, même lorsque ailleurs les grévistes se font progressivement de moins en moins nombreux.

Édouard Philippe n'étant pas du genre à plaisanter avec l'équilibre des finances publiques, il milite pour une mesure d'âge, un âge pivot. La CFDT voit aussitôt rouge. Emmanuel Macron, dépité, finit par donner raison à son Premier ministre. Un texte est voté à l'Assemblée nationale par un 49-3 – c'est le contraire même de la réforme novatrice et ambitieuse dont rêvait le président. Le surgissement du Covid permet d'enterrer le texte sans gloire, quasiment en catimini. La belle réforme totémique est escamotée. La confiance avec le CFDT est rompue. La hache de guerre avec les cheminots n'est pas enterrée. C'est un échec et une déconvenue. Une défaite mal camouflée que seule la pandémie relativise en l'éclipsant. Emmanuel Macron sort vaincu de cette crise-là.

Ce n'est pas le cas de la crise du Covid. Si le chef de l'État porte en partie, plus ou moins grande selon les cas, la responsabilité de l'affaire Benalla, de la première réforme des retraites ou de la crise des Gilets jaunes, il n'est évidemment pour rien dans l'irruption d'un Covid planétaire. Et si la gestion initiale du gouvernement a mérité d'être critiquée, le bilan final d'Emmanuel Macron face à la pandémie est plus qu'honorable. La crise du Covid va durer deux ans et ne s'achèvera qu'au moment de l'élection présidentielle. Elle se déroule par vagues successives, avec de brutales accélérations et de brefs répits. Elle constitue à l'échelle de la France, de l'Europe et même du monde entier la pandémie la plus massive depuis la fameuse grippe espagnole qui avait si lourdement frappé le Vieux Continent il y a un siècle, à la fin de la Première Guerre mondiale. À l'époque, la catastrophe sanitaire avait cependant fait beaucoup moins de bruit que le conflit qui dévastait la France. Cette fois-ci, la puissance de l'information continue et des réseaux sociaux l'a installée en permanence non seulement au premier rang de l'actualité, mais au cœur même de la société. Soudain, toute la vie quotidienne, toute l'activité économique, toutes les relations sociales, et même le rapport au travail ont subitement été bouleversés. Le confinement, le télétravail ont pris l'allure d'un changement d'univers. On a vécu au rythme des nouvelles médicales quotidiennes, des annonces gouvernementales hebdomadaires et des débats publics permanents entre médecins, experts et soignants, d'autant plus dramatiques que des points de vue contradictoires s'opposent violemment, ajoutant de l'angoisse à l'angoisse. Studios des chaînes d'information continue et réseaux sociaux retentissent de polémiques, d'annonces déstabilisatrices et de théories complotistes. Modes de vie bouleversés, certitudes balayées.

Emmanuel Macron s'est projeté au tout premier rang, en tête de la bataille contre la pandémie durant deux ans. Il a prononcé une dizaine d'allocutions solennelles, suivies par des audiences historiques. Informé et entouré par un « conseil de défense » – la terminologie n'est pas neutre –, il a décidé, incarné,

Le président des crises

personnifié plus que jamais le pouvoir face à la violence de l'épidémie. C'est lui qui a tranché les questions les plus redoutables – confinement ou déconfinement, ouverture ou fermeture des écoles, vaccinations obligatoires, réquisitions de personnel, mesures économiques et budgétaires de crise totalement atypiques et mêmes franchement transgressives. Le président libéral-social a mué soudain en social-démocrate ultra-dirigiste, piétinant l'orthodoxie financière, bataillant pour arracher des décisions européennes totalement novatrices, expédiant par-dessus les moulins la fameuse règle européenne des 3 % de déficit budgétaire qui régnait depuis trente ans, c'est lui qui a convaincu la trop prudente et bien attentiste Angela Merkel de lancer un énorme emprunt européen, financé par la Banque centrale, pour maintenir l'activité économique et les revenus des citoyens. Tout ce que l'orthodoxie bruxelloise n'imaginait même pas dans ses pires cauchemars.

Il a lancé quelques formules fameuses, le « quoi qu'il en coûte » qui a donné le ton de son action, le « nous sommes en guerre » scandé six fois pour sonner la mobilisation générale face au Covid ou encore ce « il faut se réinventer, moi le premier » afin de faire face à ce monde nouveau paraissant si dangereux. On l'a vu à la télévision en col roulé, mal rasé, amaigri, atteint lui-même par la maladie mais faisant front, enchaînant les visites dans les hôpitaux malgré les conseils de prudence, parfois quasiment ému aux larmes comme à cet hôpital de Mulhouse en situation de détresse ou bien, expédition aventureuse et fort critiquée, se rendant à Marseille pour rencontrer le célèbre et très contesté professeur Raoult, ou encore s'acharnant à Bruxelles des nuits entières pour convaincre nos partenaires de renoncer au dogme devant le danger, d'unir leurs forces et d'oser prendre des voies financières et budgétaires absolument hétérodoxes.

Bien entendu, il était épaulé par des Premiers ministres qui s'avèrent actifs et solides, par Édouard Philippe décidé, déterminé, le verbe sobre, délibérément modeste, l'autorité tranquille, puis par Jean Castex, accent méridional bonhomme, ferme et cordial, efficace, d'abord chargé du déconfinement puis, ayant fait ses preuves, promu à l'hôtel de Matignon. D'autres aussi, Olivier Véran, inépuisable et vif ministre de la Santé, omniprésent à la télévision, parfois à son détriment, ou encore les très réputés professeurs de médecine Jérôme Salomon et Jean-François Delfraissy. On voit leurs visages devenus familiers se succéder sur le petit écran, tantôt graves, tantôt encourageants, pas toujours convergents. Et, bien sûr, l'ensemble du personnel médical et paramédical, héroïque et épuisé, applaudi et harassé. Ou encore la deuxième ligne des salariés des transports ou de la filière alimentaire, plus indispensables que jamais en pareilles circonstances. Reste que celui qui incarne, qui tranche et qui porte ostensiblement la responsabilité finale s'appelle évidemment Emmanuel Macron.

La bataille contre la pandémie commence mal. La ministre de la Santé Agnès Buzyn est poussée à

Le président des crises

quitter son poste pour mener la campagne municipale de la majorité à Paris. La première, elle avait tiré la sonnette d'alarme à plusieurs reprises face à l'apparition du Covid. Excellente spécialiste, hautement qualifiée avenue de Ségur, elle ne brille pas en revanche dans l'exercice électoral. Le président a eu tort de l'y expédier : il perd une bonne ministre, il investit une mauvaise candidate. Pire, bien pire : au départ, on constate que tout manque. Masques, tests et vaccins font défaut. Le niveau des stocks est consternant et les laboratoires français ne parviendront jamais à produire les vaccins nécessaires. On constate que les délocalisations ont terriblement affaibli l'industrie pharmaceutique dans l'Hexagone. Les rapports entre le gouvernement et les collectivités locales se tendent. La lourde mécanique de l'État tarde à s'adapter. Les polémiques fusent, la coordination européenne grince. Chacun se veut prioritaire, personne n'est satisfait. Les erreurs de l'OMS (Organisation mondiale de la santé) compliquent les décisions et brouillent les annonces. L'obligation de se munir d'une attestation vaccinale en guise de laissez-passer (le fameux « passe sanitaire ») exaspère. Cette contrainte typiquement bureaucratique, bien française, fait crier à l'atteinte aux libertés. Critique des défenseurs des droits individuels sur un flanc, accusations absurdes des complotistes sur l'autre s'additionnent.

Heureusement, la situation s'améliore. Les approvisionnements progressent. L'autonomie concédée provisoirement aux médecins dans les hôpitaux avec de larges moyens financiers pour les équipements fait ses preuves. Le plan Ségur a ouvert des perspectives indispensables. La mobilisation exceptionnelle du personnel de santé impressionne. À Bruxelles, après des négociations harassantes, c'est Emmanuel Macron qui arrache le fameux plan de relance de 500 milliards financé par une dette commune. Il permet de maintenir 90 % des salaires, record d'Europe, et d'accorder des prêts ou des garanties aux entreprises. L'économie continue ainsi de tourner et la solidarité nationale bénéficie aux salariés comme nulle part ailleurs. Les écoles, les lycées, les facultés ferment moins longtemps que chez nos voisins. Le déconfinement rapide décidé par Emmanuel Macron malgré les mises en garde s'avère aussi un bon risque.

La crise du Covid laisse certes de profondes cicatrices. Les séquelles de la maladie sont parfois longues et douloureuses. Le choc psychologique est intense. Un tiers des Français a connu et connaît parfois encore des troubles mentaux. Le rapport au travail n'en sort pas indemne. La cohabitation familiale forcée par le confinement se passe souvent assez mal. L'instauration du télétravail isole, désocialise et crée une nouvelle fracture entre manuels et cols blancs. L'endettement national grimpe évidemment en flèche. L'économie retrouve pourtant rapidement un bon rythme. Le chômage recule de nouveau. L'action gouvernementale, les choix d'Emmanuel Macron ont immanquablement fait l'objet de critiques multiples. Une grande étude internationale menée au sein de

Le président des crises

vingt-sept pays occidentaux par la célèbre revue *Nature* fait état de profondes inégalités entre les nations. La baisse de l'espérance de vie, critère implacable, recule partout mais beaucoup moins en France qu'ailleurs. À l'arrivée, la politique menée a été efficace, tant sur le plan sanitaire qu'économique et social. La France est néanmoins le seul pays où des poursuites judiciaires sont lancées contre les ministres chargés de la lutte contre le Covid...

De toute façon, la crise liée à la pandémie s'épuise alors que la campagne présidentielle bat son plein. Elle s'efface au moment où l'invasion de la Russie en Ukraine déclenche brutalement une guerre à grande échelle le 22 février 2022. Une guerre aux portes de l'Europe à la frontière avec l'Union européenne, le choc est aussi soudain que brutal. La crise sanitaire s'éloigne à peine que la crise militaire déferle et angoisse le Vieux Continent comme jamais depuis la fin de la Seconde Guerre mondiale. De nouveau, un conflit majeur surgit si près de nous qu'il est exclu de fermer les yeux, de rester à l'écart et de s'en laver les mains. Aucun gouvernement n'ose réveiller le spectacle de Munich, quand la faiblesse et l'aveuglement du Royaume-Uni et de la France avaient laissé la voie libre au IIIe Reich d'Hitler. D'ailleurs, visiblement, c'est l'Ukraine qui est la cible, mais c'est l'Europe qui est visée. Vladimir Poutine ne s'en cache pas, il le proclame même. La France doit prendre position. Emmanuel Macron, présidentialisme oblige, fixe la ligne. Sous la Ve République, c'est le chef de l'État qui

Le Prince balafré

détermine et conduit la politique étrangère. Celle-ci passionne rarement les citoyens eux-mêmes. Avec la guerre en Ukraine, le réveil est pourtant violent dans toute l'Europe, dans l'Hexagone comme ailleurs. C'est bien d'une nouvelle grande crise qu'il s'agit.

Pour les Français, c'est la résurrection d'une angoisse disparue depuis 1945, même si la crise de Berlin en 1948-1949 (blocus par les Soviétiques) et la crise des fusées russes de Cuba en 1962 avaient suscité à l'époque de fortes inquiétudes. Dans les deux cas, la guerre avait cependant été évitée. Cette fois-ci, l'invasion russe ne laisse pas le choix. Pour les Ukrainiens, c'est l'enfer qui s'installe. Pour les Européens, c'est la peur qui mord de nouveau, alors que le Covid pèse encore violemment sur les esprits et sur les corps.

Les conséquences de la guerre en Ukraine ne sont pas du même ordre mais rapidement, on prend conscience qu'elles seront elles aussi cruelles. Aussitôt, les cours du pétrole et du gaz se dérèglent et atteignent des sommets. Très vite, leurs effets se répercutent sur les consommateurs, à des niveaux bientôt insoutenables. En France, fidèle au principe de l'État protecteur, Emmanuel Macron met en place des aides publiques. Elles ralentissent l'inflation qui se déchaîne, elles ne l'effacent pas. Les prix alimentaires flambent notamment d'autant plus que les exportations céréalières de l'Ukraine approvisionnaient traditionnellement les marchés européens. Il faut aussi accueillir d'urgence les réfugiés ukrainiens (en France, ils seront 100 000, un chiffre modeste comparé à ceux de l'Allemagne

Le président des crises

ou de la Pologne) et commencer à livrer des armes à Kiev... ce qui révèle cruellement la faiblesse de nos stocks. Les canons Caesar, très efficaces et plébiscités par les soldats ukrainiens, nous permettent de sauver la face. D'autres livraisons de qualité les complètent progressivement mais sur un rythme insuffisant, faute de réserves. On paie quarante ans de crédits militaires rognés. Les Français prennent certes fait et cause pour l'Ukraine mais l'inflation en fait des victimes collatérales du conflit.

Emmanuel Macron bénéficie d'abord durant la campagne présidentielle de « l'effet drapeau » qui, dès que menacent des risques de guerre, rassemble aussitôt les Français derrière leur chef de l'État. Il s'impose comme l'un des acteurs diplomatiques qui comptent face au conflit, menant une stratégie de « cavalier seul » qui ne plaît pas à tout le monde, notamment en Europe du Nord, mais que les Français ne critiquent guère. Il est vrai que la politique étrangère est la seule à susciter dans l'Hexagone un consensus spontané. En revanche, ses réussites éventuelles ne sont pratiquement d'aucun profit électoral durable : la politique étrangère est étrangère à la politique. C'est ce qui se vérifie avec la crise ukrainienne. Les prises de position du chef de l'État se distinguent aussitôt de celles des États-Unis, du Royaume-Uni, de la Pologne et de l'Europe du Nord. Il condamne fermement et immédiatement la Russie, se montre prêt à aider l'Ukraine avec des livraisons d'armes, appartient donc clairement au camp des alliés de Kiev mais n'en revendique pas moins la poursuite d'un dialogue avec Vladimir Poutine. Il soutient Volodymyr Zelensky mais il se refuse à couper toute communication avec Moscou. Il participe aux livraisons d'armes et son engagement en faveur de l'Ukraine est sans équivoque mais il ne veut pas fermer la voie diplomatique. Allié de l'Ukraine mais pas ennemi de la Russie, soutien militaire et diplomatique de Kiev mais sans stopper toute communication avec Moscou. Membre loyal de l'OTAN mais tenant fermement à son autonomie, tradition française oblige.

Ses entretiens téléphoniques avec Vladimir Poutine, largement rendus publics et abondamment commentés à Moscou comme à Paris, à Kiev ou à Washington, veulent maintenir un fil diplomatique. Il est vrai qu'ils se font de plus en plus rares et de plus en plus abrupts, au fur et à mesure des informations qui émergent, crimes de guerre et atrocités russes, jusqu'à pratiquement cesser. Un voyage dans la capitale russe où une table d'une longueur provocatrice sépare les deux présidents symbolise l'incommunicabilité qui s'installe. Emmanuel Macron a beau déclarer au début du conflit qu'« il ne faut pas humilier la Russie » ou bien peut préciser qu'il faudra après le conflit mettre sur pied des « garanties de sécurité » incluant Moscou, il a même pu, dans un premier temps, refuser de traiter publiquement Poutine de « criminel de guerre » comme les Anglo-Saxons le faisaient avant de s'y rallier devant l'ampleur des crimes russes constatés, Vladimir Poutine ne bouge pas d'un millimètre. En revanche,

Le président des crises

Volodymyr Zelensky s'agace publiquement, s'irrite même des initiatives d'Emmanuel Macron. Il le regarde comme le plus difficile de ses alliés avec ou après l'Allemagne. Même si, un an après le début du conflit, Paris et Berlin accentuent leurs efforts d'aide militaire et multiplient les démonstrations de solidarité, la France s'est une fois de plus démarquée au sein de l'Alliance atlantique. En revanche, si Emmanuel Macron a nourri l'espoir de jouer un rôle de médiateur, il n'a pas réussi à le concrétiser. Autonome, loyal, parfois imprudent, mais jamais décisif.

Au moins son activisme risqué ne lui nuit-il pas pour une fois dans l'esprit des Français. Ceux-ci savent bien que le coupable est à Moscou, les victimes en Ukraine et que la France, comme ils le souhaitent, est solidaire de Kiev, même si c'est à sa manière. Ils souffrent en revanche très vite des conséquences sociales brutales de la guerre dans leur vie quotidienne avec des hausses de prix sans précédent depuis les années Mitterrand. Ils pourraient constater cependant – on peut rêver – que la France, une fois de plus, se montre plus protectrice envers ses citoyens que nos voisins. Il est vrai que la hausse des prix complique tellement les fins de mois, oblige à tant de restrictions, en matière alimentaire notamment, que la sympathie pour l'Ukraine empêche de moins en moins la colère contre l'inflation. On approuve les livraisons d'armes, on proteste contre la valse des étiquettes. Que l'inflation demeure moindre en France qu'ailleurs ne console personne.

Le Prince balafré

L'originalité de la situation est que le mécontentement monte en flèche chez les Français mais pour une fois se manifeste relativement peu au Parlement. Il est vrai que Jean-Luc Mélenchon et Marine Le Pen avaient fait preuve auparavant d'une grande indulgence pour Vladimir Poutine et même, s'agissant du Rassemblement national, d'une admiration qu'il devient urgent d'oublier. Quant aux socialistes, aux écologistes, aux LR, ils ne sont pas hostiles à la ligne Macron face à la guerre d'Ukraine. En somme sur le plan politique, à l'Assemblée nationale notamment, la diplomatie d'Emmanuel Macron ne suscite guère de rejet, la seule vraie demande étant de réclamer davantage de débats sur le sujet, ce qui est légitime. En revanche, dans l'opinion, l'impact de l'inflation née du conflit provoque une colère prévisible. L'inquiétude reflue – à tort d'ailleurs – en matière militaire ; la colère née de l'inflation gronde de plus en plus. Emmanuel Macron n'est pour rien dans la guerre d'Ukraine ni moins encore dans la poussée inflationniste, mais cette crise l'affaiblit et l'atteint.

Il défend bec et ongles à Bruxelles une réforme effectivement nécessaire du mécanisme absurde des prix de l'énergie, foncièrement inflationniste mais il se heurte à un blocage allemand et n'est en rien crédité de ses efforts. Cela vaut pour l'inflation. Cela vaut aussi pour sa politique de défense. Aucun président depuis le général de Gaulle n'a décidé un effort budgétaire aussi substantiel, aucun depuis Jacques Chirac n'a engagé une modernisation de l'armée aussi ambitieuse mais

Le président des crises

il ne peut espérer en tirer aucun bénéfice politique. La diplomatie et la défense ne sont décidément pas des instruments électoraux.

En revanche, le deuxième projet de réforme des retraites, officiellement présenté en janvier 2023 par le gouvernement d'Élisabeth Borne mais discuté depuis septembre 2022, suscite instantanément une impressionnante fureur populaire et ouvre une nouvelle et très sérieuse crise. La réforme des retraites ajoute une immense colère au mécontentement né de la hausse des prix. Dès l'annonce du contenu du projet, c'est la mobilisation générale des syndicats. Dès sa présentation officielle, c'est l'appel aux armes. L'impopularité de la réforme est immédiate, profonde, déterminée. Elle rassemble comme jamais la totalité des syndicats, qu'ils soient radicaux, réformistes ou corporatistes. C'est d'une levée en masse qu'il s'agit. Pour Emmanuel Macron, désormais réduit au Parlement à une majorité relative, le danger est très sérieux.

Son choix est cependant catégorique. La réforme des retraites a, depuis 2017, toujours été dans son esprit la réforme phare, la réforme totémique de sa présidence. Il est persuadé que le système en vigueur est dépassé, incapable de faire face sur la durée à l'évolution démographique qui fait inéluctablement croître le nombre des retraités et diminuer celui des cotisants. C'est ce qui se produit dans tous les pays occidentaux et ce qui y entraîne un relèvement de l'âge du départ à la retraite. De plus, après le « quoi qu'il en coûte », il est urgent de remettre de l'ordre dans les finances publiques. Tout cela ne convainc absolument pas les Français. En 2019, le président a tenté de mettre en place la réforme par points. La CFDT était intéressée, la CGT, FO, Solidaires, et le Covid l'ont bloquée. Le surgissement de la pandémie a masqué un repli sans gloire début 2020. Deux ans plus tard, durant sa campagne présidentielle, Emmanuel Macron a annoncé derechef son intention de faire passer l'âge de la retraite de 62 à 65 ans, comme le prévoyait la réforme avortée de 2019 sous sa formule finale. Il a certes été réélu malgré cette annonce, en aucun cas grâce à elle. Si son projet de réforme a changé, il le juge cependant plus nécessaire que jamais. Bravant son impopularité inévitable – quel peuple a spontanément envie de travailler trois ans de plus ? –, il est donc reparti à l'assaut dès l'automne 2022, épaulé par sa Première ministre Élisabeth Borne.

Pour lui, c'est un préalable à d'autres réformes et donc une question de principe. Il a été élu malgré cet objectif et a néanmoins proclamé sa priorité. Au mois d'août 2022, avant la rentrée sociale, il a dans une interview, d'ailleurs mal comprise, proclamé, c'est le fond de l'affaire, un « grand bouleversement du monde », « la fin de l'abondance », « la fin de l'insouciance », « la fin des évidences ». Il a voulu marquer ainsi qu'on entrait, la guerre en Ukraine et l'inflation la symbolisant, dans une phase beaucoup plus difficile, beaucoup plus exigeante. Après le « quoi qu'il en coûte » salvateur et dispendieux, c'est donc une période d'efforts et de réformes exigeantes qu'il faut

Le président des crises

ouvrir selon lui. La réforme des retraites l'inaugure. Le tempérament déterminé et dominateur du chef de l'État, son profil bonapartiste l'y poussent. Après avoir incarné la nouveauté et l'espérance en 2017, il endosse en 2022 l'uniforme de la rigueur et de l'autorité. Il sait que les Français lui résisteront et sans doute ne le lui pardonneront pas. Il considère que c'est néanmoins son rôle et son devoir, en tout cas sa conviction. Il s'engage donc dans les tempêtes. Il n'a que des coups à prendre, il s'y attend, il s'y prépare mais il sait aussi que si la réforme des retraites n'est pas réalisée tout de suite, alors qu'il vient d'être réélu, donc relégitimée, elle sera ensuite quasiment impossible à faire.

L'originalité du dur conflit qui s'ouvre tient, outre les circonstances dramatiques (Ukraine et forte inflation) à deux facteurs : le duel Macron-Berger et le duo Berger-Martinez : le secrétaire général de la CFDT est un homme décidé, réfléchi, courageux et susceptible, voire ombrageux. Avec Emmanuel Macron autoritaire, brillant, audacieux et provocateur, la mésentente, l'incompréhension ont été immédiates. Depuis qu'ils se connaissent (sous le quinquennat de François Hollande), ils se méfient l'un de l'autre, ils se soupçonnent réciproquement d'intentions malveillantes. C'est l'une des malchances de cette crise : les deux hommes peut-être les plus réformateurs de France se situent dans les camps opposés.

Autre handicap de taille pour la réforme, Laurent Berger, chef de file des syndicats réformistes,

Le Prince balafré

et Philippe Martinez, patron de la CGT, ont mis sur pied une coalition inédite, déterminée à bloquer toute élévation de l'âge de la retraite. Elle a parfaitement fonctionné. Contrairement aux précédents conflits, l'intersyndicale est restée jusqu'à la décision finale du Conseil constitutionnel solidaire et unie. Philippe Martinez, leader autoritaire de la CGT (dont c'était le dernier combat à la tête du plus ancien syndicat français puisque son départ était programmé), a bien voulu avaliser la méthode Berger privilégiant les grandes manifestations pacifiques et ordonnées sur les grèves, les blocages et les affrontements. De ce fait, le mouvement est resté populaire jusqu'au bout, malgré les intrusions et les violences des black blocs. Trois quarts des Français et une proportion encore plus forte des actifs ont soutenu l'intersyndicale. La rue étant pacifique, le peuple s'est rangé du côté des manifestants. Un lourd handicap pour Emmanuel Macron.

Au sein de l'exécutif, deux lignes ont de surcroît coexisté. Une ligne raide, celle d'Emmanuel Macron, et une ligne souple, celle d'Élisabeth Borne. Il y a certes eu partage des rôles, le président restant en retrait alors que la Première ministre s'exposait, c'est la logique de la Ve République. La flexibilité était cependant à l'hôtel de Matignon, la fermeté au palais de l'Élysée. Ainsi alors que se présentait l'hypothèse de pouvoir faire voter la réforme dès septembre 2022, Élisabeth Borne épaulée par François Bayrou, le plus politique des alliés du chef de l'État, a obtenu de

Le président des crises

négocier jusqu'à janvier, ce à quoi Emmanuel Macron n'avait consenti qu'à regret. Si le président avait donné son aval – cela va de soi – pour renoncer aux 65 ans et se barricader sur les 64 ans, c'est la Première ministre qui a été chargée de négocier des concessions en espérant (à tort) amadouer Laurent Berger et fissurer le front de l'intersyndicale. Elle le faisait certes sous le contrôle d'Emmanuel Macron mais en pratique elle incarnait le dialogue et Emmanuel Macron l'intransigeance. A-t-elle consenti aux bonnes concessions, aux bons interlocuteurs ? On peut en débattre mais les consultations et les négociations se passaient bien rue de Varenne chez la Première ministre, cependant qu'Emmanuel Macron voyageait ostensiblement pour faire avancer sa diplomatie, attirant sur sa tête la foudre sociale.

On ne peut pas dire que le gouvernement ait refusé toute concession. Outre la date de départ reculée de 65 à 64 ans – un pas substantiel –, l'accompagnement social de la réforme n'a pas été négligeable : assouplissements au bénéfice des longues carrières, prise en compte plus ample des critères de pénibilité, travail des séniors, coups de pouce en faveur des petites retraites, prise en compte des maternités, etc. Rien de spectaculaire mais plusieurs améliorations. L'ennui est qu'au bout du compte, cela n'a pas fait bouger les syndicats d'un millimètre. La procédure parlementaire choisie, la plus rapide et la plus contraignante, les irritait sincèrement. Ils y voyaient bien entendu un passage en force. Le fond des choses est cependant que dans leur esprit il n'était pas question de plier sur l'élévation de l'âge de la retraite, alors que dans la tête d'Emmanuel Macron il était exclu d'y renoncer. Dès lors, il s'agissait bel et bien d'un dialogue de sourds. Durant quatre mois, Élisabeth Borne s'est épuisée en dialogues stériles, rien n'y faisait. Les syndicats, tous les syndicats, refusaient net une réforme sur laquelle l'exécutif n'imaginait pas un instant reculer. Cela s'appelle une impasse.

Pire encore, la politique de communication du gouvernement a tourné au désastre. Imprécisions, contradictions, maladresses répétées, incapacité à justifier la réforme de façon compréhensible et constante, tout y passait. Jusqu'à persuader les Français que le gouvernement mentait et manipulait, d'autant plus qu'une averse de « fake news » faisait rage. Où était passée la fameuse expertise macronienne ? Il n'en restait que des ruines. De fait, dès la présentation officielle du projet en Conseil des ministres le 10 janvier 2023, les syndicats ont sonné la charge. Une épreuve de force de plusieurs mois s'est engagée. Le 19 janvier, des manifestations massives se sont déroulées en France, y compris dans des petites villes pour qui c'était une nouveauté inattendue, presque un sujet de fierté. D'autres journées de protestation ont suivi, plus ou moins réussies selon les cas, mais toujours impressionnantes et pacifiques, méthode Berger oblige. Très vite, un nouveau thème de conflit s'est installé, pernicieux, la querelle des deux légitimités, légitimité des urnes (Macron-Borne) contre légitimité des rues (Berger-Martinez), légitimité politique

Le président des crises

contre légitimité sociale, légitimité du président élu et de sa courte majorité relative contre la légitimité des Français en colère. Si, en théorie, en démocratie la légitimité du suffrage universel doit l'emporter contre des légitimités protestataires, fussent-elles de masse, en pratique, chaque camp considérait de plus en plus qu'il avait le bon droit pour lui. On vit aussi la querelle prendre un tour personnel entre Emmanuel Macron et Laurent Berger, chacun accusant l'autre de mettre la démocratie française en danger. Les manifestations se succédaient, le texte de la réforme était néanmoins déposé au Parlement. Deux logiques s'affrontaient plus que jamais dans ce qui devenait la crise la plus grave de la présidence Macron.

Pour tout compliquer, les dissensions et les rivalités au sein du parti Les Républicains se multipliaient et rendaient la tâche du gouvernement encore plus ingrate. Dès le début de l'examen du texte, les Insoumis de Jean-Luc Mélenchon adoptent une tactique aussi primaire que spectaculaire : l'obstruction par tous les moyens. Ils vocifèrent, ils provoquent, ils multiplient les incidents de séance, ils font tout pour empêcher le vote sur l'article 7, celui qui élève l'âge de la retraite à 64 ans. Ils parviennent à leurs fins, sans gloire, à l'agacement et à la gêne de leurs partenaires de la NUPES. Du côté du Rassemblement national, méthode inverse jusqu'à la caricature. Les députés de Marine Le Pen se font les plus modestes, les plus disciplinés, les plus laconiques possible. Ils sont par principe et par démagogie contre la réforme, mais ils ne participent ni aux manifestations ni aux provocations parlementaires. Ils militent en revanche, c'est leur espoir et c'est leur intérêt, pour une motion de censure. Ils se disent même prêts à voter celle des autres, fût-ce celle de la NUPES. Seuls alliés potentiels pour la majorité donc, Les Républicains (puisque le groupe composite LIOT se montre de plus en plus oppositionnel sous la houlette de l'étrange Charles-Amédée de Courson) tiennent les clés du scrutin. En fait, faute de véritable dialogue avec les syndicats, c'est à eux que seront concédés les améliorations et les assouplissements du projet. Le rapprochement avec LR n'est pas seulement nécessaire, il est aussi logique, tant le projet gouvernemental ressemble au texte que vote ponctuellement chaque année le Sénat dominé par Les Républicains, sous la double houlette de Gérard Larcher, considérable président de la Haute Assemblée et de Bruno Retailleau, président ferme et incontesté du groupe LR au palais du Luxembourg.

Hélas ! si tout est clair chez les sénateurs LR, tout est obscur chez les députés LR. Le président du parti Les Républicains Éric Ciotti et le président du groupe au Palais-Bourbon, Olivier Marleix, sont favorables au projet, surtout amendé sous leurs pressions soigneusement mises en scène. Les députés en revanche se partagent entre ceux qui veulent voter ce projet qui est largement le leur, même présenté par un gouvernement qu'ils combattent, et ceux qui s'y refusent, faisant passer leur hostilité envers le gouvernement et leur aversion pour Emmanuel Macron avant leurs convictions. À quoi il faut ajouter, tant le groupe LR de l'Assemblée nationale est autant traversé d'antagonismes, de rivalités et d'ambitions masquées que la Curie romaine elle-même, les manœuvres des partisans de Xavier Bertrand, celles des vassaux de Laurent Wauquiez et l'offensive-éclair d'Aurélien Pradié qui se sert de la réforme comme d'une rampe de lancement vers la popularité, voire comme un raccourci vers une ambition présidentielle. Ainsi, l'examen du projet devient un chemin de croix pour le gouvernement et un sérieux péril pour Emmanuel Macron. Finalement, la procédure du temps contraint empêche le vote à l'Assemblée nationale – victoire tactique des Insoumis – mais le Sénat adopte aisément le projet. Il reste, la commission mixte paritaire Assemblée-Sénat ayant abouti à un accord (majorité relative au Palais-Bourbon et majorité absolue au Sénat unissant leurs forces), à passer au vote final à l'Assemblée.

Il faut savoir terminer une réforme. La question qui se pose alors est d'oser le vote direct ou de se rabattre sur le fameux article 49-3. La première solution est la plus courageuse, la plus élégante et la plus risquée. La seconde est la plus contestée, la plus prudente et la plus clivante. Laurent Berger adjure le gouvernement d'aller au vote direct. Ayant fait et refait leurs comptes, ayant constaté qu'ils n'étaient sûrs de rien, Emmanuel Macron et Élisabeth Borne optent pour le 49-3. C'est bien calculé sur le plan parlementaire (il manque seulement neuf voix pour que la motion de censure l'emporte, le vote direct était donc bel et bien promis à l'échec), c'est très mal calculé vis-à-vis des Français. Déjà furieux de la réforme, ils s'embrasent sur-le-champ. Des manifestations non autorisées se multiplient plusieurs soirs de suite. Des cortèges de jeunes, surtout étudiants et d'ultra-gauche, se mêlent, parcourent les villes, faisant brûler les poubelles amoncelées et dévastant le mobilier urbain. L'impopularité de l'exécutif atteint des sommets. La France compte alors 68 millions de constitutionnalistes atterrés. L'intersyndicale organise à son tour de nouvelles manifestations, moins suivies, plus agitées. Le risque de la radicalisation se précise. Laurent Berger, très offensif, parle de « vice de la démocratie ». Les confédérations clament à l'unisson que le peuple est méprisé, que la démocratie sociale est bafouée. Les sondages enregistrent tous une poussée dans l'opinion de Marine Le Pen et du Rassemblement national. La colère gronde.

Maintenant, c'est le verdict du Conseil constitutionnel, attendu vendredi 14 avril, qui décidera de la suite. Il peut valider totalement le texte, en valider l'essentiel en censurant quelques articles (les fameux « cavaliers » financiers qui n'ont pas leur place dans cette loi), ou bien le rejeter tout entier. S'il censure tout le texte, c'en est fini de la réforme. Les syndicats triomphent et le gouvernement ne peut qu'attendre durant des mois l'apaisement pour tenter de reprendre la réforme sur d'autres bases. S'il valide l'ensemble, le gouvernement l'emporte et la colère monte encore de trois crans. S'il valide seulement l'essentiel et censure les

Le président des crises

« cavaliers », la colère persiste et le gouvernement ne peut que tenter de renouer progressivement le dialogue en négociant avec les syndicats.

C'est, comme on pouvait le prévoir tant le recours de la gauche était mal argumenté et mal rédigé, cette troisième solution que choisit le Conseil constitutionnel, ce vendredi 14 avril. Les syndicats fulminent sans remettre cependant en cause la décision. Ils refusent de rencontrer dans l'immédiat le chef de l'État et donnent rendez-vous aux Français pour une grande manifestation symbolique le 1er mai, jour de la fête du Travail. Dès la nuit du 14 au 15, Emmanuel Macron décide de promulguer sans attendre la loi. C'est son habitude d'agir de la sorte, mais ici il veut tenter de mettre fin sans attendre au processus législatif. Bien entendu, nouvelle vague de protestations le lendemain. Le président mal aimé a voulu prouver sa détermination. Il espère, le 1er mai passé, renouer les fils rompus du dialogue en négociant des mesures d'accompagnement plus généreuses et surtout en ouvrant d'autres chantiers de réformes. À la télévision, il admet l'impopularité de la loi qu'il vient de faire passer mais confirme que dans son esprit le chapitre est clos et qu'elle entrera bien en vigueur à l'automne. La réforme est désormais validée constitutionnellement. Politiquement et socialement, elle est toujours combattue.

Restent deux ultimes échéances : un deuxième et dernier recours déposé devant le Conseil constitutionnel et une initiative beaucoup plus subtile, imaginée par le désormais célèbre groupe parlementaire LIOT. Le second recours n'est qu'une tentative de rattrapage du premier, venu des mêmes bancs politiques de gauche. Argumentation identique, à peine complétée par une disposition financière peu convaincante. Il n'empêche : les syndicats font tout pour que la manifestation rituelle du 1er mai se transforme en appel à l'annulation de la réforme. La journée est incontestablement un succès. Les manifestants sont nombreux, bien plus qu'un 1er mai ordinaire, les syndicats restent unis. Malheureusement, des black blocs et des ultra-gauchistes, plus nombreux eux aussi que d'ordinaire, essaimant même dans quelques villes de province, se livrent à des violences. À l'échelle nationale, plus de 400 policiers et gendarmes sont blessés. On a le sentiment qu'émerge la radicalisation aussi classique que périlleuse des fins de conflit.

Quoi qu'il en soit, malgré la pression de la rue, la décision du Conseil constitutionnel le 3 mai tombe, cette fois-ci sans appel (il ne peut plus y avoir d'autres recours contre la réforme avant un an) : c'est le rejet. La journée spectaculaire du 1er mai n'a donc rien pu empêcher. Reste l'ultime hypothèse imaginée par le groupe LIOT. Celui-ci dispose le 8 juin d'une rare niche parlementaire lui permettant de présenter ce jour-là des propositions de loi. En l'occurrence, il s'agira évidemment d'une loi d'abrogation de la réforme. Les syndicats annoncent sur-le-champ la tenue d'une ultime grande journée de manifestations le 6 juin, avant-veille du scrutin. Ils sont conscients qu'il s'agit bel et bien cette fois de la dernière cartouche et organisent ce qui ressemble fortement à un baroud d'honneur. Ses chances de succès sont en réalité assez faibles. S'il est déjà improbable que la loi soit votée à l'Assemblée nationale – cela dépendra comme d'habitude du groupe LR et de l'assiduité des députés macroniens –, elle n'a aucune chance d'être adoptée ensuite au Sénat, ni davantage de l'être par une éventuelle commission mixte paritaire Sénat-Assemblée. Le 8 juin marquera donc la fin de la bataille des retraites.

La tentative de meurtre de plusieurs très jeunes enfants par un immigré venu de Suède mais en situation régulière et souffrant de troubles psychiques horrifie les Français et submerge l'actualité. Elle permet d'esquiver à petit bruit la loi d'abrogation, repoussée en commission.

De tout cela, il restera une immense amertume chez les Français. Emmanuel Macron y aura perdu un nouveau pan de sa popularité – et quel pan ! – et, s'il peut parvenir éventuellement à détendre peu à peu le climat en ressuscitant le dialogue social sur d'autres réformes et en reprenant progressivement le fil des négociations complétant et améliorant la réforme, quelque chose se sera néanmoins brisé entre les Français et lui. La présidence relative sera devenue la présidence impopulaire. Il sera, durant les quatre années à venir, plus difficile de faire accepter des mesures marquantes ou novatrices. La réforme des retraites aura transformé le président des crises en crise de la présidence. L'explication ratée de la réforme, de sa justification, la solidité inédite de l'unité syndicale, le refus violent des Français d'accepter une élévation de l'âge de la retraite pourtant instaurée partout ailleurs chez nos voisins, tous ces facteurs ont conjugué leurs effets. Le tempérament personnel d'Emmanuel Macron en porte aussi une part de responsabilité. Le président a fait de la réforme des retraites l'un des axes majeurs, le plus spectaculaire, d'une logique économique assumée, fondée sur le travail, la croissance, l'attractivité, la réindustrialisation et l'innovation technologique. Il a voulu à deux reprises (2019-2020 et 2022-2023) cette réforme. Il la savait par nature détestée. Il était décidé à aller jusqu'au bout. Il s'est montré plus ferme qu'habile, plus audacieux que pédagogue, plus courageux que rassembleur, plus lucide que convaincant. Il a consciemment sacrifié sa popularité à ses convictions. Inflexible et honni. Déterminé et incompris.

Au moins croyait-on que la réforme des retraites enfin entérinée, « l'apaisement » annoncé par Emmanuel Macron allait se produire. C'était l'objectif proclamé des « cent jours » censés s'achever avec la fête nationale du 14-Juillet. Élisabeth Borne avait été missionnée pour reprendre langue avec les syndicats et pour proposer de nouvelles mesures gouvernementales, une nouvelle méthode, une nouvelle voie. Différente, pragmatique, susceptible – c'était fort aléatoire – d'élargir la majorité. L'approche des vacances estivales, le fléchissement de l'inflation pouvaient faire espérer : c'était le pari du monarque républicain, bousculé, vilipendé, mais non pas découragé. La quête des réformes continuait, le graal de la modernisation n'était en rien abandonné.

L'éruption violente du 27 juin, déclenchant des nuits terriblement longues d'embrasement de plusieurs dizaines de quartiers de banlieue, d'Île-de-France mais aussi de nombreuses villes parfois inattendues à travers tout le pays, ce déchaînement de haine, de rage, d'obsession d'en découdre, cette éruption sauvage a plongé l'Hexagone dans une nouvelle crise. Celle des retraites s'estompait à peine que celle des « quartiers » s'enflammait. La France rechutait, s'installait décidément comme le pays des crises. L'autorité de l'État était une fois de plus défiée, consumée dans les flammes par des hordes d'adolescents déchaînés.

Leur colère initiale était certes compréhensible. Un adolescent de 17 ans issu d'un « quartier », l'un des leurs, Nahel M., avait été tué par le tir d'un policier lors d'un contrôle routier qui avait mal tourné. Il avait déjà, quelques minutes auparavant, refusé d'obtempérer à un contrôle précédent et tenté de prendre la fuite. Une vidéo accablante dénonçait le coup de feu mortel, alors que la sécurité du policier ne semblait pas menacée. Emmanuel Macron et Élisabeth Borne eurent beau faire preuve de compassion et condamner le tir, la justice eut beau placer en détention et mettre en examen pour homicide volontaire le fonctionnaire avec une vélocité inhabituelle, rien n'y a fait. Le soir même, des quartiers flambaient. Pas tous les quartiers à problèmes, pas seulement les quartiers à problèmes. Il n'empêche : le spectacle était terriblement impressionnant et, pour les voisinages, affolant. La question qui s'est aussitôt posée a été de savoir s'il s'agissait d'une récidive des fameuses émeutes des banlieues de 2005 qui, dans des circonstances comparables, avaient duré trois longues semaines et ne s'étaient achevées qu'avec l'instauration de l'état d'urgence, pour la première fois depuis la fin de la guerre d'Algérie. Cette fois-ci, ce ne fut pas le cas mais la volonté d'affrontement avec les forces de l'ordre, la multiplication des tirs de mortiers d'artifice contre les gendarmes, les policiers et même les pompiers, les innombrables incendies allumés compulsivement, visant notamment les mairies, les écoles, les collèges, les lycées, les centres culturels, les médiathèques, les commissariats, les autobus, les tramways et même le domicile de certains maires, ce déchaînement vengeur avait largement de quoi effrayer, impressionner et choquer. Tout cela cousinait manifestement avec 2005. Mieux gérée qu'alors, la crise fut heureusement nettement plus brève.

Elle n'en eut pas moins ses spécificités. Elle n'avait rien de commun avec la crise des retraites : celle-ci bénéficiait de la sympathie d'une large majorité de la population et, grâce notamment à Laurent Berger, a évité les violences. Le soulèvement des « quartiers » ne concernait au contraire qu'une toute petite minorité des jeunes – le ministère de l'Intérieur a parlé de dix mille individus – concentrés dans des lieux bien précis, honnis par la population, *a fortiori* par leurs propres voisins, ulcérés

Le président des crises

d'assister à la destruction de leurs moyens de transport, de leurs équipements urbains et scolaires, de leurs mairies et de leurs bâtiments administratifs, bref de ce qui leur permettait de vivre, de travailler et de se déplacer. La nouvelle crise des banlieues n'avait pas davantage de ressemblance avec la crise des Gilets jaunes, autrement plus nombreux et venus non pas de quartiers urbains mais d'une France périphérique, rurale ou de petites villes, des adultes, des travailleurs modestes se sentant abandonnés ou menacés par les mutations de la société. Un autre monde. Certes, la violence, la fureur, l'absence de leader et d'organisation, l'emploi intense des réseaux sociaux les rapprochent mais la sociologie, la géographie, l'origine et l'âge les opposent.

La première caractéristique de ces nuits d'émeutes et de pillages, c'est en effet qu'elle met en scène des adolescents et des jeunes adultes issus des quartiers où se concentrent immigrés, Français d'origine d'étrangère et autochtones menacés ou atteints par la pauvreté, le chômage, l'isolement. Des adolescents rebelles échappant à l'autorité parentale, s'avérant souvent en grande difficulté scolaire ou sans formation professionnelle solide, vivant en bandes et en clans antagonistes, refusant toute tutelle, récusant médiateurs et éducateurs, n'écoutant ni « grands frères » ni imams ni enseignants. Comme un état de sécession sociale, vivant dans une sorte de contre-société informelle. À peu près exclusivement de sexe masculin, coutumiers d'incivilités, aimantés ou aguichés par les dealers.

Le Prince balafré

Leur deuxième particularité est que cette fois ils ne se sont pas contentés, si l'on ose dire, d'incendier et de détruire voitures, scooters, poubelles et symboles de l'État, mais qu'ils s'en sont pris à toutes les infrastructures de leurs propres lieux de vie, qu'ils se sont de surcroît transformés en pilleurs, se ruant sur les magasins de sport ou de vêtements, dévalisant grandes surfaces et petits commerces, s'arrachant smartphones et jeux vidéo. Comme s'ils avaient décidé de prendre par la force ce qu'ils estimaient que la société leur refuse. Comme s'ils voulaient simultanément se venger de la société mais aussi lui arracher par la rapine ce qu'elle offre et exhibe. Un comportement, on le répète, minoritaire au sein de minorités, mais traduisant un état de rupture sociétale. Emmanuel Macron a provoqué récemment beaucoup de commentaires et de critiques en parlant de « décivilisation ». En l'occurrence, il y a au moins ici un processus de désocialisation, encouragé à la marge par des groupuscules d'ultra-gauche.

Derrière les explosions de violence et de rage face auxquelles il a fallu avoir recours aux unités d'élite (GIGN, Raid, BRI) et aux blindés de la gendarmerie, il y a, il faut le reconnaître, un échec dramatique de la République française : dans sa phase post-coloniale, depuis le début de la Ve République, elle a raté l'intégration, *a fortiori* l'assimilation, de toute une nouvelle population. Pas seulement d'ailleurs d'une population venue de l'autre côté de la Méditerranée mais aussi d'une population autochtone marginalisée, reléguée, tantôt éloignée de tout, tantôt au contraire concentrée

Le président des crises

dans de quasi-ghettos. Un échec qu'il est démagogique de généraliser, d'identifier à telle ou telle catégorie de Français, car il frappe aussi bien le Grand Est et les vieux pays miniers que les quartiers incandescents de Seine-Saint-Denis, autant des petites villes du centre de la France qui sommeillent et s'éteignent que les banlieues turbulentes qui s'agitent autour des métropoles. Malgré les moyens financiers, administratifs et humains faramineux qui ont été dépensés, malgré le reflux du chômage, malgré les efforts spécifiques d'éducation prioritaire, malgré l'implantation réussie dans les provinces déshéritées des « maisons France services », le fameux État-providence n'est parvenu à intégrer qu'une partie de ceux qui sont venus d'ailleurs et qu'une fraction de ceux qui ont toujours été là. Le célèbre vouloir-vivre ensemble d'Ernest Renan l'a emporté durant un siècle mais ne fonctionne plus qu'à demi aujourd'hui. La flambée de violence de la crise des « quartiers » avec sa composante d'incendiaires, de pilleurs et de révoltés, sa composante de marginalisés et de sécessionnistes, et sa composante de racismes croisés ressemble fâcheusement à une américanisation de la société française : violence, fractures et argent-roi. C'est-à-dire à une régression.

Chapitre 4
Le retour de la haine

La France n'a jamais été terre de consensus. Elle porte en elle depuis toujours les gènes de la division, les cicatrices des guerres civiles et des guerres de Religion, les stigmates de vingt soulèvements populaires, les marques de quinze changements de régimes, de quinze Constitutions pour les seuls deux derniers siècles. Un triste record du monde qui témoigne d'une perpétuelle insatisfaction populaire, d'une redoutable propension à l'instabilité, aux rancœurs, aux déchirures indélébiles, aux haines de classe, aux mémoires antagonistes. Multiples jacqueries, guerre fratricide entre Armagnacs et Bourguignons, sanglantes guerres de Religion entre catholiques et huguenots, Ligue, Fronde, l'Ancien Régime était tout sauf serein et apaisé malgré l'imposant prestige royal et l'omniprésence théoriquement unificatrice de l'Église catholique.

La Révolution a tout métamorphosé sans réunir davantage. En dehors de la guerre patriotique initiale, l'épopée dont la célébrité traverse le monde n'est que coups de force, exécutions en chaîne, implacable et cruelle guerre vendéenne, proche du génocide, instabilité constitutionnelle permanente. L'Empire rassemble par la magie d'une épopée légendaire mais aussi par la crainte de la police et la peur des baïonnettes. Républicains et royalistes ne sont pas séduits mais réprimés. Restauration puis République, la division triomphe derechef et l'instabilité perdure. Épisodes de violences extrêmes – la Commune de Paris –, tentation boulangiste du coup d'État, affaire Dreyfus qui coupe littéralement la France en deux, émeutes du 6 février 1934, Vichy contre la France libre, la France du renoncement contre la France combattante, déchirures des guerres coloniales, drame algérien, restauration du général de Gaulle affrontant aussitôt la tragédie d'Afrique du Nord, Mai 68 où se dévisagent deux France plus antagonistes que jamais et toujours, interminablement, Européens contre nationalistes, gauche contre droite, déstructuration anxiogène symbolisée par le macronisme. Il existe des pays où les guerres d'indépendance unissent, d'autres où le compromis social apaise les antagonismes. En France, non. Ici, l'union nationale est un mythe (sauf durant la Première Guerre mondiale) et le consensus social demeure un mirage. Le général de Gaulle dépeignait le peuple français « par nature, et cela depuis les Gaulois, perpétuellement porté aux divisions et aux chimères ».

Il faut s'interroger sur cette malédiction française. Pourquoi ce peuple que Tocqueville, le plus lucide d'entre tous, définissait comme « brillant et dangereux », pourquoi ce peuple est-il depuis toujours si profondément déchiré, si profondément rancunier, si profondément insatisfait ? Ce n'est pas faute de prestige : la France a durablement marqué les esprits, par ses gloires militaires, son poids politique, son rayonnement intellectuel et artistique. Ce n'est pas davantage faute d'un modèle social généreux : elle possède au contraire l'un des plus protecteurs et solidaires au monde. Ce n'est pas non plus faute de perspectives économiques et d'espérances sociétales : la France demeure l'un des pays les plus privilégiés de l'univers et elle bat pourtant, cent études le prouvent, des records de pessimisme et d'insatisfaction, de ressentiment surtout. La France figure parmi les dix pays les plus enviables au monde et paradoxalement parmi les dix pays les plus anxieux, les plus mécontents, les plus aigris.

C'est sans doute l'une des clés de ce caractère national : sa particularité a toujours été qu'ici l'État a précédé la nation, cas pratiquement unique, et que l'autorité du gouvernement central s'est imposée avec constance et avec force d'un régime à l'autre. Absolutisme royal, despotisme sans-culotte, césarisme napoléonien, centralisme républicain. À travers les régimes, l'État a toujours gouverné. Depuis le début de la Ve République, l'exécutif – président élu et gouvernement discipliné – impose sa marque comme jamais. L'État est tout, les collectivités locales pestent, les partis politiques s'étiolent, les syndicats maigrissent, la France est ainsi sous cette coupe le pays le plus réglementé d'Europe et peut-être du monde, le plus administré.

Le Prince balafré

Ici, le face-à-face est toujours moins entre le ministère et le Parlement qu'entre l'État et le citoyen. Cette confrontation perpétuelle a pour conséquence de dresser le peuple contre les gouvernants qui incarnent par principe le pouvoir, donc contre tous les gouvernements, qu'ils soient de gauche, de droite ou du centre. Ce peut être violent ou latent, c'est en tout cas permanent. En France, être citoyen c'est être mécontent, défiant vis-à-vis du chef de l'État, circonspect face au gouvernement, irrité par l'administration, exaspéré par Paris, centre de tous les pouvoirs. On demande tout à l'État et on s'indigne du coût de ce qu'il accorde. On élit un président, mais c'est bientôt pour le conspuer, pour très vite le contester, le railler, le fronder. Il n'y a pas de président heureux depuis le général de Gaulle. Encore son second septennat a-t-il mal commencé pour mal finir. Depuis, être chef de l'État, c'est devenir plus ou moins vite mais inéluctablement impopulaire.

Passé la lune de miel, un semestre, l'homme de l'Élysée devient le paratonnerre sur lequel s'acharnent foudre et éclairs. Il est l'État, donc il est comptable de tout ou plutôt coupable de tout. Une crise économique, des tensions sociales, une catastrophe naturelle, un crime crapuleux, une manifestation violente, une grève, un blocage administratif, une tension scolaire ou hospitalière, et aussitôt tous les regards se portent vers le palais de l'Élysée. Louis XIV proclamait orgueilleusement : « l'État, c'est moi », les présidents de la Ve République pourraient ajouter plus

Le retour de la haine

véridiquement : « L'État, c'est moi, hélas ! » La popularité d'un président (premier mandat seulement) croît durant sa campagne électorale, survit un semestre, puis décline irrémédiablement. Parfois, lorsque le président a pris sa retraite, il redevient populaire, généralement au moment de ses obsèques. Les Français aiment leurs présidents le jour de leur première victoire et le jour de leur dernier soupir. Entre-temps, ils en font le coupable nécessaire, qu'il soit effectivement responsable ou non. Cette animosité virulente, cette rancœur perpétuelle est bien une caractéristique tricolore. Margaret Thatcher, Tony Blair, Helmut Kohl, Angela Merkel ont été longuement populaires, Kennedy, Reagan, Obama aussi. Dans l'Hexagone, impossible.

La question n'est donc pas de savoir pourquoi Emmanuel Macron est impopulaire, ses prédécesseurs l'ont été avant lui, ses successeurs le seront après lui, mais pourquoi il suscite une haine spécifique, plus âpre que les autres, plus personnelle, presque plus intime. Ce n'est pas seulement le président de la République qui provoque aversion et rancœur (sauf dans son propre électorat, toujours arithmétiquement solide et stoïquement fidèle), c'est Emmanuel Macron lui-même, sa personne, pas seulement sa fonction. Ses prédécesseurs ont été impopulaires parce qu'ils étaient présidents. Emmanuel Macron est également impopulaire parce qu'il est Emmanuel Macron. À l'extrême gauche (les Insoumis), à l'extrême droite (Rassemblement national et Reconquête), il suscite des sentiments régicides.

Le Prince balafré

Dans les manifestations, sur les ronds-points, on n'appelle pas seulement à sa démission, un rituel contre-présidentiel banal, on le pend en effigie, on brandit des potences en carton avec un mannequin désarticulé, vivant ses derniers instants. On crie « à mort », on maudit le « tyran » ou l'« éborgneur ».

Gesticulation symbolique ? Presque toujours mais qui peut oublier la balle qui a frôlé Jacques Chirac devant l'Arc de Triomphe ? Et qui n'a pas été impressionné par l'épisode du Puy-en-Velay où des énergumènes vociférants s'en étaient pris à la voiture où se trouvait Emmanuel Macron, lançant injures et cailloux, tentant de bloquer le cortège officiel avec des intentions belliqueuses ? Les mêmes qui avaient mis le feu à la petite préfecture barricadée, malgré les risques mortels encourus par le personnel resté à l'intérieur. Cette fois-là, il s'agissait bien de menaces physiques immédiates. Un incident qui aurait pu devenir un drame, voire un épisode historique. Assurément exceptionnel mais lorsque l'on regarde les réseaux sociaux, le déferlement d'injures, l'avalanche d'anathèmes, la prolifération des menaces impressionnent. Et quand on découvre le livre de François Ruffin *Ce pays que tu ne connais pas*, on est impressionné par ce flot de haine si violent qu'il se compare aux fulminations vengeresses contre les catholiques du glorieux calviniste Agrippa d'Aubigné ou aux imprécations torrentielles du terrible Bossuet contre les protestants.

François Ruffin, député particulièrement Insoumis de la Somme – passé comme Emmanuel Macron par

Le retour de la haine

le collège jésuite renommé de la Providence à Amiens, où s'ils se sont croisés (il a deux ans de plus que le président), ils ne se fréquentèrent pas –, a publié en 2019 ce pamphlet consacré au nouveau chef de l'État. Ruffin a du talent, une écriture vivante et l'habileté de mêler témoignages de Français en situation de détresse et apostrophes aux puissants. Le résultat est incandescent, dévastateur, d'une violence à la Marat. Il se surpasse dans ce libelle qui constitue un véritable bréviaire de la haine de classe. Par comparaison, Marx et son ami Engels, lorsqu'ils choisissent de polémiquer, ressemblent à deux paisibles bourgeois et *Le Coup d'État permanent* consacré par François Mitterrand au général de Gaulle apparaît presque comme une bluette. Extraits, dans le désordre : intellectuel, Emmanuel Macron ? Non, imposteur. Littéraire ? Non, indigne. Disciple du philosophe Paul Ricœur auprès duquel il a travaillé ? Du vent, masqué par des « allures et des postures ». L'apport d'un jeune homme si prometteur ? demande-t-il ironiquement : « Votre œuvre inexistante, le néant, du vent, l'adolescent en vous trahi. » *Révolution*, un livre ? Non, « un algorithme qui produit des phrases aussi creuses ».

Un orateur à la télévision, alors ? « Vous débitez votre laïus comme une statue de cire, crispé, les mains sur le bureau, ne clignant jamais de l'œil, la voix vide, sans colère ni tendresse [...] Vous êtes le fruit de l'entre-soi bourgeois [...] le produit d'une ségrégation sociale, hors du peuple, loin du peuple, et maintenant contre le peuple [...] un peuple à qui aujourd'hui vous envoyez la matraque pour qu'il s'écarte de votre chemin, pour qu'il ne vous hue pas au passage de votre carrosse motorisé. » « Honte à vous ! conclut Ruffin. Honte à vous le président ! Honte à vous l'élite qui nous a dirigés ! Honte à vous qui abandonnez votre peuple. » Et aussi, plus personnel encore, plus intime : « Avec vos lèvres, leur pincement, leur rictus au coin, le demi-sourire, vous vous moquez de moi, on dirait »... « Ce rejet physique, viscéral, nous sommes des millions à l'éprouver. » Ou même : « Vous exhalez une classe. Vous portez en vous une suffisance qui suscite chez le commun, chez moi, chez nous, à la fois respect et révolte. Vous êtes convaincu de votre supériorité, surhomme quasiment, et cette morgue que vous affichez, ça nous remue l'orgueil, voilà la vérité. » François Ruffin est aujourd'hui le grand espoir de la gauche de rupture.

Tout y est. La haine de classe omniprésente, efficacement scandée par les témoignages de Français meurtris par la vie, au bout du rouleau. Détestation aussi des élites, fureur contre les super-riches. Mais également, c'est plus original, portrait d'une France physiquement blessée, notamment par des heurts avec les forces de l'ordre, dépeintes en milices sans pitié. On frôle – le masque des Gilets jaunes est là – quelque chose qui, sous la plume de Ruffin, devient une sorte de guerre civile froide. Guerre civile froide nationale mais aussi occidentale, tant l'ombre de l'Europe et le masque des États-Unis installent selon lui

Le retour de la haine

le décor. Mais aussi, bien plus personnel, quasiment privé, le sentiment d'injustice suscité par un personnage – Emmanuel Macron – aux dons provocants, à la séduction trop professionnelle, à l'ascension trop aisée. Caricatural certes, tous les enfants de la bourgeoisie moyenne de province n'ont pas les qualités et les performances de cette escalade sociale fulgurante et, en apparence, si naturelle. Emmanuel Macron suscite effectivement souvent cette jalousie intense et cette rancœur exacerbée par un sentiment dévorant d'inégalité.

À quoi il faut encore adjoindre, plus rare et plus original, l'incarnation du contre-modèle absolu d'un jeune adulte, Emmanuel Macron, parvenu au sommet en un temps record, observé de très près par un autre jeune adulte porteur au contraire de tous les malheurs du monde. La réussite si ostensible, si égoïste face à ce combattant volontaire de la détresse. L'aversion que suscite chez beaucoup Emmanuel Macron apparaît donc plus ténébreuse que celle provoquée par ses prédécesseurs.

François Ruffin en fait certes une croisade personnelle, hystérique, la pointe avancée de l'antimacronisme absolu, une sorte de duel sans merci d'homme à homme, ou plutôt de jeune adulte comblé contre jeune adulte offusqué. Le contenu des réseaux sociaux, des sites, des échanges partagés prouve pourtant bien que cette haine particulière reflète en la noircissant une haine collective, peut-être minoritaire mais d'une virulence sans précédent. La haine anti-Macron n'est pas seulement une haine présidentielle, mais aussi une haine personnelle.

La haine la plus banale suscitée par Emmanuel Macron (mais pas la plus anodine), c'est celle qui s'organise et qui flambe autour du thème « le président des riches ». Jean-Luc Mélenchon en fait un slogan permanent, les Insoumis un refrain quotidien, inlassablement repris chaque jour à l'Assemblée nationale. C'est l'image qu'il faut par priorité imposer et enraciner, la pancarte qui doit lui être accrochée sans relâche car elle lui aliène automatiquement une bonne partie des Français. Être catalogué comme le « président des riches », c'est non seulement la certitude de l'impopularité mais aussi un blâme social qui se veut déshonorant. Chez les communistes, les socialistes, les écologistes, la rengaine est donc omniprésente. Dénoncer un « président des riches », cela vaut certificat de moralité à gauche. L'antienne est également reprise à l'extrême droite où rayonne le populisme. Le Rassemblement national a, on l'a vu, l'électorat le plus populaire. Il compte la plus forte proportion de vote d'ouvriers et d'employés, de chômeurs, de travailleurs précaires. Il doit donc exploiter lui aussi le filon de « la France d'en haut » contre « la France d'en bas » pour reprendre l'imprudente et célèbre formule de Jean-Pierre Raffarin. Président des riches pour la gauche, Emmanuel Macron est donc simultanément cloué au pilori par l'extrême droite avec, bien lisible, l'inscription infamante signant sa culpabilité. Il n'y a guère que chez

Le retour de la haine

Les Républicains où la ritournelle s'entend moins. En revanche, pas une manifestation, pas un meeting, pas un sit-in qui ne déploie inlassablement la banderole.

Dans un pays comme la France où l'on n'aime vraiment pas les riches, l'accusation est redoutable, d'autant plus redoutable qu'elle est aussitôt acceptée sans autre examen, accolée pour toujours sur l'image du président visé. On n'a jamais vu un président français classé président des riches pouvoir se défaire de cette accusation. C'était déjà le cas pour Sadi Carnot et Jean Casimir-Perier, présidents de la IIIe République à la fin du XIXe siècle. Dotés d'une solide fortune personnelle, ils étaient donc ostracisés par la presse politique de gauche et d'extrême droite – déjà – au grand dam de leur popularité.

Ce fut surtout le cas – on le sait bien – sous la Ve République, où le chef de l'État joue un rôle autrement important. Avant Emmanuel Macron, trois présidents ont déjà été étiquetés « présidents des riches », donc inlassablement vilipendés pour cela : Georges Pompidou, Valéry Giscard d'Estaing et Nicolas Sarkozy. À droite, seuls le général de Gaulle et Jacques Chirac y ont échappé, le premier parce qu'il en imposait et n'avait pas de fortune personnelle, le second parce qu'il a toujours su conserver l'étiquette sociale d'un président proche des Français.

Georges Pompidou en revanche, bien que symbole d'une réussite toute méritocratique, portait une tache sur son blason présidentiel, absurde, injuste mais venimeuse : le nom « Rothschild » réveille aussitôt mythologie, complotisme et antisémitisme. Georges Pompidou, ancien directeur de la banque, en fut une victime tranquille. Valéry Giscard d'Estaing, fortuné par naissance et par alliance, fut lui aussi inlassablement attaqué sur ce point. On alla jusqu'à lui reprocher les sièges de conseils d'administration occupés par des membres de sa famille. Être riche, c'est être coupable. Valéry Giscard d'Estaing en fut une victime offusquée. Nicolas Sarkozy enfin, sans aucun patrimoine par héritage, affichait un comportement ostensiblement décomplexé vis-à-vis de l'argent, à l'américaine, en arborant les signes, en en goûtant les plaisirs et, après son mandat, en s'assurant de solides revenus. Ce fut aussitôt dénoncé comme une preuve d'extrême mauvais goût, comme si la fin d'un mandat présidentiel imposait une vie austère.

L'argent est et demeure un tabou français. Signe de succès et signal de reconnaissance sociale dans les pays anglo-saxons, objet d'admiration en Italie, de respect en Allemagne et d'appétit en Belgique, c'est et cela reste en France le péché mortel par excellence en politique. Le riche français est détesté. S'il s'agit d'un président de la République, la détestation tourne à la haine et devient un handicap politique permanent. Chaque décision économique, financière, fiscale, sociale est aussitôt comprise et dénoncée comme l'aveu d'une politique en faveur des riches et au détriment des pauvres. Un président riche ou passant pour tel, *a fortiori* un président considérant que faire

Le retour de la haine

fortune n'est pas un péché mortel, qu'aider les entreprises n'est pas une trahison, qu'attirer des investisseurs n'est pas un vice, un tel président est aussitôt étiqueté président des riches. Emmanuel Macron se trouve pleinement dans ce cas. Il est le quatrième président de la Ve République à porter la croix de « président des riches ».

Emmanuel Macron n'est pourtant ni né riche ni devenu riche. Il n'est issu ni d'une antique et modeste noblesse comme Charles de Gaulle, ni du patriciat comme Valéry Giscard d'Estaing. Il est resté bien trop peu chez Rothschild pour y avoir accumulé un capital, mais depuis Zola, le banquier d'affaires, fût-il à peine de passage, sent inexorablement le soufre, même si sa probité personnelle n'a jamais été mise en cause. Il figure modestement bien loin derrière Valérie Pécresse et même derrière Jean-Luc Mélenchon sur la liste des déclarations de patrimoine produite (et très surveillée) par les candidats à la présidence. Peu importe pour l'opinion publique : il est inspecteur des Finances, il a transité chez Rothschild, son compte est bon : il est le président des riches et il le restera.

Sa famille est de très estimable bourgeoisie ordinaire picarde, pour l'essentiel des médecins, hospitaliers ou non mais tous de bon renom. On ne l'en a pas moins assimilé aux grosses fortunes, ce qui dans l'Hexagone vous assigne une étiquette inamovible. Depuis qu'il est président, cinq cent mille ou un million de Français sont mieux payés que lui. Il a, en quittant Rothschild pour entrer au palais de l'Élysée en qualité de secrétaire général adjoint de la présidence, de ministre, puis de chef de l'État, grandement diminué ses revenus : on ne le regarde pas moins comme un riche, ami des riches, vivant en riche. Une heure de jet-ski est aussitôt dénoncée comme un mode de vie de satrape, une modeste piscine dans les jardins de Brégançon (au moins un million de Français ont mieux) et on suspecte un mode de vie fastueux. Quoi qu'il fasse et quoi qu'il dise, Emmanuel Macron est et restera le quatrième président des riches.

Il est vrai qu'il a, aux yeux des Français, deux handicaps supplémentaires qui le condamnent pour l'éternité à paraître encore plus « président des riches » que Georges Pompidou, Valéry Giscard d'Estaing ou Nicolas Sarkozy : il mène une politique économique et sociale franchement libérale et il a osé, crime des crimes, supprimer l'impôt sur la fortune. Pour beaucoup, pour la majorité des citoyens, cela relève de la provocation. Sa politique libérale, il l'a esquissée comme ministre de l'Économie de François Hollande (la fameuse loi Macron facilitant la concurrence). Il aurait même voulu, déjà, porter une autre loi allant dans le même sens, simplifiant, modernisant et allégeant la réglementation du travail. Ce sera finalement Myriam El Khomri, ministre du Travail, de l'Emploi et du Dialogue social qui en sera chargée... et deviendra aussitôt impopulaire à gauche et rejetée par les syndicats. Les intentions et la ligne d'Emmanuel Macron apparaissaient cependant clairement dès cette période-là.

Le retour de la haine

Durant la campagne présidentielle de 2017, le candidat Macron reprend constamment ses thèmes qui lui valent une réputation de modernité, la sympathie de chefs d'entreprise et des cadres du secteur privé mais aussi l'hostilité de la plupart des syndicats et de nombre de salariés. Élu, il met aussitôt son programme en œuvre, s'attaquant aux statuts de la SNCF, modifiant la réglementation du travail, annonçant une réforme des retraites, s'attaquant frontalement à la fiscalité des entreprises pour l'alléger en introduisant une « flat tax » plus avantageuse pour les dividendes : autant de mesures destinées à faire face à la concurrence étrangère et à renforcer l'attractivité française. Un libéralisme assumé, allant très au-delà du colbertisme traditionnel des gouvernements de droite et du centre (seul Édouard Balladur était allé plus loin). Emmanuel Macron a déployé un étendard libéral-social dont les Français ont surtout remarqué les couleurs libérales. Premier handicap spécifique.

Le deuxième, dont les effets financiers sont pourtant de moindre importance, sonne pour beaucoup de Français comme une quasi-déclaration de guerre. À peine élu, le jeune président supprime l'impôt sur la fortune pour le remplacer par un impôt sur les fortunes immobilières, les fortunes mobilières étant désormais exemptées. L'objectif est de s'en prendre aux situations de rente et d'encourager les investissements créateurs d'innovations. Cinq ans après, on peut discuter les effets de cette initiative indolore pour le Trésor public (en 2023, il rapporte davantage à l'État qu'en 2017 en raison de la forte hausse des prix de l'immobilier) mais très coûteuse pour la popularité d'Emmanuel Macron. L'impôt sur la fortune, disparu depuis belle lurette à peu près partout sur le Vieux Continent, reste en effet de très loin le prélèvement favori des Français, puisque c'est par principe l'impôt des riches et en pratique l'impôt des autres. L'égalitarisme national se sent non seulement provoqué mais même défié et violé. L'impôt sur la fortune frappait en réalité beaucoup plus les cadres supérieurs que les grandes fortunes. Peu importe pour les Français : Emmanuel Macron a enfreint un tabou, en matière fiscale le tabou suprême. Il est donc condamné à vie pour crime contre l'égalité.

Autre chef d'accusation, autre reproche alimentant l'hostilité à son égard, ce président ne serait en fait qu'un technocrate, un énarque coupé de la vraie vie, un homme de chiffres et de courbes, un super-bureaucrate vivant entouré d'ordinateurs. Façon de le dépeindre éloigné du peuple, immergé dans un univers abstrait aux antipodes de la population, donc ne pouvant connaître ni les aspirations des Français ni leurs problèmes quotidiens. L'argument a déjà été beaucoup employé, cette fois-ci particulièrement à droite et à l'extrême droite. Emmanuel Macron serait donc en somme un personnage d'Orwell, le maître d'un univers bureaucratique, déshumanisé, administré plus que gouverné, glacial et mécanique.

Emmanuel Macron n'est pas, là non plus, le premier président de la Ve République à être attaqué sur ce

Le retour de la haine

point. Le technocrate, l'énarque n'est pas un personnage populaire en France, ne serait-ce que parce qu'il incarne à la fois la France d'en haut et surtout l'État, ce géant omnipotent qui tient plus de place dans l'Hexagone qu'ailleurs et auquel les Français demandent tout et ne passent rien. Un Goliath devant qui chacun s'invente David muni de sa fronde. Or qui incarne dans les romans, dans les films, dans les séries, *a fortiori* sur Internet, qui incarne l'État plus que le président et, un pas derrière, plus que le technocrate ? Dans ce décor-là, le pire est évidemment d'être regardé comme un président technocrate.

De même qu'Emmanuel Macron est le quatrième président de la Ve République à être affublé du sobriquet de président des riches, il est le quatrième président à être caricaturé en technocrate. Ce fut avant lui le cas de Valéry Giscard d'Estaing, de Jacques Chirac et de François Hollande, énarques tous sortis comme lui de la botte, donc tous intégrés comme lui d'emblée dans un grand corps de l'État, Valéry Giscard d'Estaing comme lui à l'Inspection des Finances, Jacques Chirac comme François Hollande à la Cour des comptes.

Sous le général de Gaulle et sous Georges Pompidou, les gaullistes traitaient le ministre des Finances Valéry Giscard d'Estaing de technocrate. François Mitterrand chef de l'opposition traitait également méthodiquement Jacques Chirac de technocrate. Au Parti socialiste, la vieille garde avait tenté de freiner l'ascension de François Hollande en l'étiquetant technocrate. En réalité, toutes ces accusations étaient ridicules, tant les intéressés étaient foncièrement des hommes politiques, Valéry Giscard d'Estaing député dès 30 ans, François Hollande dès 34 ans, et Jacques Chirac dès 35 ans. On en faisait des technocrates parce que leur ascension gênait. Même chose pour Emmanuel Macron : à peine ministre, donc politique, on l'affuble dans les oppositions mais aussi à l'aile gauche du PS de l'étiquette technocrate. Son parcours l'y expose et ajoute une touche de distance supplémentaire dans l'esprit d'une partie des Français, notamment chez les électeurs populistes des Insoumis et du Rassemblement national.

Le paradoxe est qu'au pouvoir, Emmanuel Macron s'est comporté en adversaire, d'ailleurs parfois injuste, des technocrates. Au lendemain de la révolte des Gilets jaunes qui s'en prenaient à l'État et aux technocrates, il s'est déclaré décidé à supprimer l'ENA d'où sortaient les hauts fonctionnaires et il a effectivement tenu parole. Plus : opposé à la prééminence des grands corps (dont le sien), il a bouleversé leur sélection en abolissant le choix fondé sur le classement de fin d'études et en lui substituant au sortir de la nouvelle école rassemblant les futurs hauts fonctionnaires de toutes disciplines (justice, police, administration générale ou territoriale, etc.) une expérimentation sur le terrain de cinq ans. Sur ce dernier point, une bonne idée.

Plus encore, à la fureur des intéressés, il a supprimé le corps des diplomates du Quai d'Orsay et même celui des préfets. Cela a suscité à juste titre critiques, polémiques et frondes comme jamais auparavant

Le retour de la haine

dans la haute fonction publique. Pourtant accusé d'être technocrate, Emmanuel Macron s'est comporté comme le plus anti-technocrate des présidents de la Ve République. Le paradoxe, les Français sont inconstants, c'est que les technocrates jusqu'ici vilipendés et accusés de tous les maux, d'ailleurs très abusivement, ont soudain été présentés en boucs émissaires et en victimes injustement traitées. On les accablait, on les regrette. Emmanuel Macron devient le coupeur de têtes des technocrates et « en même temps » le dernier à être critiqué comme technocrate.

Autre angle d'attaque contre lui, il est aussi dépeint en Parisien déraciné, en symbole des élites des métropoles coupées des territoires, oublieuses de leurs origines provinciales, avec toujours en arrière-plan cette image d'un président sans terroir et sans affect, loin des hommes et des provinces, indifférent aux malheurs de la France périphérique, étranger à la France qui souffre. Donc, dur et froid. Les rapports houleux qu'il n'a cessé d'entretenir durant son premier mandat avec les collectivités locales alimentent évidemment cette théorie. Le redoutable président du Sénat, Gérard Larcher, image même de la province à Paris bien que lui-même élu d'Île-de-France, a su en jouer comme personne. Emmanuel Macron est de tempérament bonapartiste, centralisant les décisions, concentrant les pouvoirs, se heurtant fréquemment aux représentants des collectivités locales, légitimement jalouses de leurs prérogatives. Même s'il a innové en lançant une expérimentation originale à Marseille, ville en détresse

Le Prince balafré

en faveur de laquelle il a su conjuguer crédits et autonomie, il a croisé le fer plus d'une fois avec l'Association des maires de France, celle des départements de France et celle des régions de France. La faible implantation locale de La République en Marche permet aux oppositions de régner sur les trois niveaux. Il est arrivé plus d'une fois que maires, conseillers départementaux et conseillers régionaux s'unissent contre lui. Jean Castex, enraciné à Prades et dans ses Pyrénées-Orientales, très attentif aux territoires, a mis de la rondeur et de la cordialité dans ces rapports tumultueux. Il était temps.

Depuis le début de son second mandat, Emmanuel Macron se montre plus prévenant et plus ouvert à l'égard des collectives locales, même si les questions fiscales compliquent le dialogue : il n'empêche, le président apparaît en Parisien typique éloigné des territoires. La réalité est qu'il a des racines picardes, a été élevé et éduqué à Amiens et est attaché à sa province d'origine. La maison du Touquet n'est pas éloignée de ses terres natales et il reste par ailleurs nostalgique des Pyrénées où l'accueillait une grand-mère qui comptait particulièrement pour lui. En somme, il est typiquement un provincial monté à Paris, comme beaucoup d'autres. Il n'empêche : il apparaît comme l'homme de la capitale. Président des riches, technocrate, Parisien, l'image n'est ni chaleureuse ni populaire. Pour les Français, Georges Pompidou et Valéry Giscard d'Estaing restent des Auvergnats, François Mitterrand un Charentais, Jacques Chirac et François Hollande des

Le retour de la haine

Corréziens, miracle des élections, mais Emmanuel Macron est étiqueté homme du VIIIe arrondissement de Paris pour l'éternité.

Cette image froide (sauf auprès de ses soutiens, un tiers des Français) le dessert incontestablement. Elle constitue une spécificité, un handicap particulier. Valéry Giscard d'Estaing, François Mitterrand, Jacques Chirac, François Hollande aussi étaient de leurs provinces, aimaient les collectivités locales et en étaient aimés. Ils étaient profondément enracinés, cela se voyait. Emmanuel Macron, non. Il est classé comme le symbole et même le prototype des élites parisiennes, des grands technocrates de la République. Cela distend immanquablement les liens avec les Français, *a fortiori* lorsqu'on est dès le départ étiqueté président des riches. Mais c'est en l'occurrence un handicap spécifique, sur mesure.

L'apogée de la malédiction spécifique d'Emmanuel Macron, la plus spectaculaire, la plus personnelle, la plus difficile à combattre et sans aucun doute à dissiper, c'est cependant celle qu'ont entretenue vingt « petites phrases » malheureuses, jetées dans l'improvisation, aussitôt happées par les réseaux sociaux, bientôt dramatisées sur les chaînes d'information continue, suscitant aussitôt un tsunami d'indignation, un ouragan de colère, de fureur et surtout de rancœur. Lorsqu'une de ses formules à l'emporte-pièce surgit dans l'actualité, tous les autres sujets sont balayés. La polémique souffle en tempête, sans qu'aucune explication puisse devenir audible, sans qu'aucune justification puisse même être entendue. Les circonstances, le contexte ne sont jamais pris en compte, n'ont aucune chance de franchir le mur de l'indignation.

Avant Emmanuel Macron, des formules malheureuses avaient déjà provoqué la foudre : le « point de détail » de Jean-Marie Le Pen à propos des chambres à gaz pendant la guerre avait indigné et révulsé, à juste titre. Jacques Chirac et son « le bruit et l'odeur » en référence aux musulmans et aux Noirs, qui l'avait embarrassé des années. Le célèbre « Casse-toi, pauvre con » lancé par Nicolas Sarkozy à un visiteur du Salon de l'agriculture qui l'insultait l'avait suivi jusqu'à la fin de son mandat. François Hollande s'était vu attribuée par Valérie Trierweiler, son ex-compagne, une formule affreuse pour désigner les pauvres : « les sans-dents ». Emmanuel Macron n'est donc pas le premier président de la Ve République à avoir gaffé, dérapé et provoqué des polémiques homériques.

Pour aucun cependant ces dérapages destructeurs n'avaient été aussi nombreux, aussi provocants et aussi indélébiles que pour Emmanuel Macron. Jacques Chirac avait commis une faute qui lui ressemblait si peu que progressivement elle s'était estompée. Nicolas Sarkozy avait choqué par son langage cru fort peu présidentiel mais on le savait hyper-réactif, hyper-combatif et hyper-spontané. Son incartade avait finalement provoqué plus de rires que de colère. Quant à François Hollande, la phrase qui lui était prêtée n'était pas avérée. Avec Emmanuel Macron, c'est une tout autre histoire. Les Français, en tout cas de nombreux Français, se sentent comme collectivement insultés. Pire, ils se croient méprisés par leur président, mal aimés par le chef de l'État. Emmanuel Macron passe ainsi chez beaucoup pour hautain, distant, froid et dédaigneux.

En fait, parmi les nombreuses sorties qui lui sont reprochées, il faut trier. Il y a celles qui relèvent de l'imprudence, de la spontanéité et parfois d'un certain snobisme intellectuel ou de la volonté de plaire sur l'instant. Imprudence ? Lorsqu'en octobre 2019, lors d'une interview à l'hebdomadaire *Valeurs actuelles*, très hostile à l'immigration, Emmanuel Macron interrogé sur les OQTF (obligations de quitter le territoire français) si peu respectées, il réplique qu'il veut « sortir tous les gens qui n'ont rien à faire là » et il précise même « 100 % d'entre eux ». Il galèje et il s'enferre. En France, moins de 20 % des personnes sous le coup d'une OQTF sont effectivement expulsées. 100 %, c'est au mieux une boutade, au pire une réplique de matamore. Il sait bien la chose impossible et sa réponse n'est pas crédible. Ce ne peut pas être une promesse, c'est donc un défi, une provocation. Cela ne fait pas très sérieux et le place en mauvaise posture, la gauche lui reprochant sa prise de position et la droite son incapacité à l'appliquer. Sur un sujet aussi sensible, il fait du théâtre. À son détriment car, étant bien connu pour connaître ses dossiers, il semble soudain léger ou fanfaron.

De même lorsqu'il lance : « Il n'y a pas de culture française », il veut sans doute dire avec une pointe de préciosité intellectuelle que la culture française est à

Le Prince balafré

la fois un patrimoine national et le reflet ou le creuset de toutes les cultures mondiales qui s'irriguent mutuellement. Propos de salon ou de séminaire académique qui passent très mal auprès d'un public ébahi et froissé. Volonté de briller, de surprendre sans doute, de prouver une fois de plus qu'il est un président littéraire. C'est encore imprudent car il a peu de chances d'être compris et encore moins d'être approuvé. Les paradoxes de salon ne font pas les popularités.

Autre épisode quand il reçoit à déjeuner des historiens de l'Algérie en compagnie de jeunes relevant de toutes les situations liées à cette histoire (fils ou fille de pieds-noirs, de harkis, de militaires, de porteurs de valises, de militants indépendantistes, etc.). C'est une initiative intelligente. Mais lâcher au cours du repas que l'Algérie exploite « une rente mémorielle » de la guerre d'indépendance, c'est historiquement juste mais politiquement mal inspiré. Le propos fuite, comme toujours, et Alger s'offusque aussitôt, d'autant plus vivement que le président français vise juste. S'ensuit une brouille diplomatique de plus avec un gouvernement algérien prompt à souligner les fautes et les crimes des autres mais refusant totalement d'endosser les siens. Une simple phrase crée ainsi une année de tensions diplomatiques compliquant encore la gestion de l'immigration. Des propos lucides, imprudents et dangereux.

On peut en dire autant du fameux « le colonialisme, crime contre l'humanité » qui suscite, en France cette fois, fureurs et polémiques. Bien entendu, le propos

Le retour de la haine

global est plus nuancé et plus contradictoire, comme il doit l'être sur ce sujet. Beaucoup de Français prennent cependant très mal d'être désignés en accusés de l'Histoire et en coupables d'un passé classé comme criminel et donc susceptible de relever de tribunaux internationaux. La colonisation française a commis de grands crimes et réussi de grandes choses. Les peuples n'aiment jamais être relégués en position d'accusés. Trop direct, trop brutal, trop désireux de marquer et paradoxalement d'avancer vers une réconciliation franco-algérienne. Résultat : une large incompréhension. Maladroit en voulant marquer, contre-productif en voulant avancer. En politique et en diplomatie, la langue de bois a parfois du bon, même si elle ne brille pas. Emmanuel Macron, c'est le moins qu'on puisse dire, n'en abuse pas.

Lorsqu'il s'écrie théâtralement à la télévision au début de la crise du Covid « Nous sommes en guerre », il a raison de le penser et même raison de le dire. C'est une forme de guerre qu'il faut effectivement mener contre une pandémie menaçante. Encore faut-il une dramatisation plus soucieuse de pédagogie, d'explication, de mobilisation, de perspectives et d'encouragements. Face aux périls, les peuples doivent être avertis mais psychologiquement soutenus. Le bon dosage est délicat.

Ce ne sont pourtant pas ces formules à l'emporte-pièce, trop brutales ou trop audacieuses, même si elles sont parfois fondées, qui lui nuisent le plus. Elles déplaisent, elles suscitent des polémiques mais elles blessent moins que d'autres qui donnent soudain aux Français le sentiment d'être dévisagés avec condescendance, d'être interpellés avec dédain, d'être traités avec morgue et, au bout du compte, de ne pas être aimés et considérés par leur président comme ils voudraient l'être. Il y a, dans ce dialogue raté, de l'incompréhension réciproque, du malentendu, voire du quiproquo et bien entendu de la part de ses adversaires, de la déformation, de la récupération et de la volonté de nuire. Au total, les Français, facilement susceptibles et inflammables, ont l'impression d'être méprisés et tancés. Emmanuel Macron ayant, lui, le sentiment d'être incompris et caricaturé. L'égalitarisme des Français les rend plus ombrageux que d'autres peuples et l'élitisme assumé d'Emmanuel Macron le rend plus suspect de morgue et de hauteur.

Ainsi la fameuse formule lancée à Copenhague lors d'un voyage officiel sur « les Gaulois réfractaires ». Elle s'inspirait directement des célèbres propos de Jules César sur les Gaulois dont il admirait le courage et dont il soulignait la tentation permanente de se diviser et de se quereller. Unis, ils eussent été particulièrement redoutables, peut-être invincibles. Désunis, ils devenaient nécessairement vulnérables. Emmanuel Macron opposait à ce tempérament querelleur et diviseur la sagesse qui savait créer au sein de la société danoise consensus et compromis. Ces propos étaient factuellement parfaitement justifiés. Ce fut néanmoins terriblement mal pris dans l'Hexagone : ils se voulaient souriants et avaient été

Le retour de la haine

lancés sans ambages depuis l'étranger. Les Français n'avaient pas du tout envie d'en rire ni moins encore d'en reconnaître le bien-fondé. Souligner au grand jour une infériorité française à Copenhague, cela vexait, cela choquait et cela n'entraînait aucune méditation sur la véracité du propos. Pourtant, les conflits, les grèves, les manifestations, les affrontements sont, personne ne peut le nier, bien plus nombreux ici que chez nos voisins et en particulier qu'au Danemark. C'est une réalité que l'on vit quotidiennement et que chacun a pu vérifier, par exemple avec la croisade des Gilets jaunes. Mais voilà : même si la formule se voulait véridique et humoristique et si le contraste entre le consensus danois et les tumultes français était éclatant, elle fut entendue comme une remontrance lancée d'un pays étranger et donc doublement humiliante.

Ce ne fut pas la seule fois où une formule trop cavalière d'Emmanuel Macron sema le trouble et récolta la tempête. Déjà, alors jeune ministre de l'Économie, il avait fait allusion aux ouvrières « illettrées », ce fut un tollé général. Pourtant, c'était un fait que dans l'entreprise concernée, plus d'une ouvrière lisait difficilement et que ce handicap pouvait s'avérer dangereux, ne serait-ce que lorsqu'une machine comportait des explications, des mises en garde écrites et précises. Il y a encore en France plus de 5 %, en fait presque 10 % de travailleurs et de travailleuses qui déchiffrent mal les indications écrites et c'est une question qu'il est depuis longtemps urgent de résoudre. Ça n'en était pas moins très indélicat vis-à-vis des ouvrières concernées d'en faire ainsi publiquement état. Elles se sentirent humiliées, syndicats et opposants s'en emparèrent et bien des Français furent choqués. Maladresse ou insensibilité ? La deuxième hypothèse fut bien sûr la seule retenue.

De même lorsqu'un militant vindicatif lui reproche son costume – il dit « costard » –, il n'était pas malin de lui répondre qu'en travaillant il pourrait acquérir le même. Ou encore, c'était beaucoup plus grave, lorsqu'un jeune chômeur lui expliquant son cas, il lui rétorque qu'en traversant la rue il trouverait un travail, c'était particulièrement mal inspiré. Il pensait en fait à un travail de serveur dans un café proche de la présidence qui désespérait effectivement de trouver un nouvel employé mais qui pouvait connaître cette histoire qui faisait le tour de l'Élysée depuis des mois ? Sa réplique fut prise comme une sécheresse de cœur et comme une réprimande bien rude, d'autant plus que le jeune chômeur n'était en rien agressif. Ainsi se dessine-t-on une image de condescendance et d'insensibilité qui ne correspond pas à ses intentions mais qui crée un climat détestable.

Dans ce florilège de dérapages mal contrôlés qui font beaucoup pour susciter une incompréhension réciproque se glissent parfois de faux procès. Ainsi, on lui reproche avec véhémence d'avoir employé le mot « fainéants » à Athènes comme s'il s'agissait des Français. Il n'en était rien, le texte le prouve, mais l'accusation n'en porta pas moins car elle correspondait aux sentiments qu'on lui prêtait, accrédités par sa volonté constante bien réelle, elle, de valoriser en permanence le travail. Faire du travail une valeur clé ne signifie en rien cataloguer les Français comme paresseux. À cette occasion-là aussi, Emmanuel Macron fut victime de sa réputation.

Dans d'autres cas, il fut en revanche bel et bien victime de lui-même. Ainsi lorsqu'au cours d'une réunion de travail au palais de l'Élysée consacrée aux dépenses sociales, il s'écria qu'on dépensait vraiment un « pognon de dingue », le propos pouvait évidemment choquer. L'aberration fut que cet épisode qui se déroulait dans les murs de la présidence et n'avait évidemment aucune vocation à être rendu public. Ayant été filmé, il fut bizarrement décidé de le rendre public. Tollé général sur-le-champ ainsi délibérément déclenché. Était-ce pour démontrer que la gestion des comptes publics était rigoureuse ou pour faire comprendre que des économies nouvelles étaient envisagées ? ou bien encore pour pointer du doigt le fait que la machine sociale était grippée malgré l'argent qu'on lui consacrait ? Le résultat fut en tout cas sans équivoque : pour les commentateurs, la fibre sociale n'était décidément pas le fort d'Emmanuel Macron. Ainsi par maladresse enracine-t-on des stéréotypes nuisibles.

Le pire fut cependant de lancer en public, lors d'une visite officielle dans un incubateur parisien de start-up l'expression « des gens qui ne sont rien ». Il s'agissait certes de décrire la foule disparate de la gare toute proche. S'y pressaient effectivement voyageurs

Le Prince balafré

fortunés, salariés allant ou revenant de leur travail, familles en transit, chômeurs, étudiants, sans-papiers, pickpockets ou étrangers venus visiter Paris. Une foule par nature hétéroclite. Mais l'expression « des gens qui ne sont rien » pour désigner des personnes sans emploi, sans papiers ou sans ressources résonnait de façon hautaine, glaciale, seigneuriale. Peut-être voulait-il dire « des gens qui n'ont rien », peut-être sa langue a-t-elle fourché ? Il n'empêche, la formule tombait comme une sentence tranchante et dépourvue d'humanité. Révélatrice ?

Emmanuel Macron se défend en expliquant : « Je vais au contact des gens et je m'emporte parfois car je suis naturel » et assure : « J'aime profondément être avec mes concitoyens, à portée de visages et d'embrassades ou d'explications. » Il est vrai que ce jeune président, alors à peine quadragénaire, aime le contact et cherche le contact, au grand dam de ses officiers de sécurité qui ne purent ainsi empêcher ultérieurement un olibrius d'extrême droite de le gifler. En chaque occasion – et elles sont multiples car Emmanuel Macron sillonne beaucoup la France –, il se dirige résolument vers la foule qui l'attend, pose des questions, interpelle, serre des mains, embrasse volontiers. Non seulement il ne craint pas le contact mais il le suscite, entendant les revendications, écoutant les reproches, y répondant avec patience... ou impatience. Dans ces circonstances-là, il n'est assurément ni froid ni lointain. Durant son fameux et très insolite « grand débat » lorsqu'il fit un long tour de France après la crise des Gilets

Le retour de la haine

jaunes pour s'expliquer, écouter, rétorquer et proposer, il prenait un plaisir évident à répondre chaque jour durant des heures. Une expérience tout à fait inédite hors campagne présidentielle qui contredit son image de hauteur et de dédain. Dans ces cas-là, c'est un président à l'écoute qui apparaît. On se demande : qui est le vrai ?

Quoi qu'il en soit, le retentissement de vingt « petites phrases » est malheureusement plus durable et plus marquant que les déplacements officiels, les bains de foule ou les rencontres organisées par des autorités locales et supervisées par le palais de l'Élysée. Emmanuel Macron se targue de sa franchise et de sa sincérité. Au contact avec les citoyens, il ne se montre ni condescendant ni retenu mais plutôt chaleureux et cherchant le dialogue. Reste que les blessures d'amour-propre que ces formules cinglantes ont ouvertes dans l'esprit de nombreux Français ne se referment pas. Depuis le début de son second quinquennat, il évite mieux jusqu'ici les dérapages, les incartades et les impairs. Dans le regard de beaucoup de ses concitoyens, il s'est cependant considérablement nui à lui-même par ses formules boomerang qui lui reviennent en pleine face.

Dans l'étrange relation qui s'est nouée entre les Français et Emmanuel Macron, mélange d'admiration et de rejet, de considération et de haine, la litanie des dérapages ne constitue qu'un adjuvant intempestif. Elle n'en défigure pas moins son image. De son fait. Président des riches, cela pèse plus que tout.

Le Prince balafré

Technocrate froid, parisien, sans attaches, ces clichés polémiques jettent sur son portrait une touche gris fer. Le chef de l'État est regardé comme un protecteur nécessaire mais comme un réformateur dérangeant. Ses sorties de route y ajoutent une malheureuse présomption de dédain et d'arrogance. Les circonstances complètent le tableau par un environnement anxiogène. Emmanuel Macron apparaît à la fois comme le président des crises et comme le symbole d'un monde nouveau, incertain, périlleux.

Président des crises, on l'a vu, Emmanuel Macron l'est doublement. Il en est le produit et il en est le symbole. L'ex-ministre de l'Économie n'a pu se faire élire en 2017 à la hussarde que parce que les piliers de la société politique post-gaullienne achevaient alors de s'écrouler. Les partis de gouvernement, LR et PS, vacillent déjà. Les candidats de rupture, Marine Le Pen pour l'extrême droite et Jean-Luc Mélenchon pour l'extrême gauche se renforcent dangereusement. Les syndicats sont en retrait, l'islam devient la première religion de France par le nombre des pratiquants. Une brèche s'ouvre, Emmanuel Macron s'y précipite. La crise politique l'a porté.

La crise, cela devient le décor permanent du nouveau président. La crise ou plutôt les crises car elles se chevauchent. À peine élu, sa volonté de moderniser l'économie française et de réformer le système social se heurte de plein fouet à la résistance des syndicats. L'annonce d'une réforme des retraites met le feu aux poudres et enclenche presque deux ans de grèves et de défilés. Ce n'est qu'un avant-goût. Le soulèvement

Le retour de la haine

des Gilets jaunes, leurs manifestations hebdomadaires de plus en plus violentes déclenchent un climat de peur et d'incertitude. L'irruption du Covid effraie bientôt à son tour, bouleversant mode de vie, mode de travail, mode de transports. L'angoisse s'installe. La deuxième réforme des retraites embrase l'opinion et jette les Français dans la rue. Enfin, en pleine campagne présidentielle de 2022, l'invasion de l'Ukraine par la Russie provoque une guerre féroce au cœur de l'Europe, aux portes de l'Union des Vingt-Sept. Les six nuits d'émeutes des adolescents complètent le décor. Emmanuel Macron devient le président des crises. Une crise politique et sa hardiesse personnelle l'ont porté au palais de l'Élysée. Six crises (retraites par deux fois, Gilets jaunes, Covid, Ukraine, jeunes des quartiers) l'y poursuivent en 2023.

Il y a plus. Ce président est enfin l'annonciateur d'un monde nouveau qui effarouche souvent et qui répugne parfois. Emmanuel Macron apparaît comme l'incarnation d'un XXIe siècle qui angoisse une majorité des Français. Nicolas Sarkozy et François Hollande, ses deux prédécesseurs, sortaient du XXe siècle. Emmanuel Macron entre de plain-pied dans le XXIe. Il est le président de la France du numérique et de la mondialisation, de l'Europe et de la guerre, des pandémies et du réchauffement climatique, la France qui se modernise et s'adapte mais souffre et se fractionne. Les perdants de l'économie mondialisée le regardent comme la quintessence d'un nouveau monde qu'ils détestent. L'homme du G 20 et de la COP 27, le champion de l'élévation de l'âge de la retraite et de la souveraineté européenne, l'ami des puissants. Ils le détestent parce qu'il personnifie leurs craintes.

D'autres au contraire, moins nombreux, plus actifs et plus influents, l'apprécient pour les raisons opposées. Il est celui qui a compris que la France devait innover ou décliner, se moderniser ou s'affaiblir. Une France qui ne peut peser au cœur de l'Europe, au centre du G20, qu'en s'alliant, se transformant et innovant. Une France qui doit s'engager plus hardiment dans les nouvelles technologies, les investissements d'avenir. Une France de diplômés polyglottes, d'urbains qualifiés. Une France capable de faire face aux défis de l'environnement, aux nouveaux risques des guerres hybrides et des batailles d'influence, une France qui sache comme au début de la Ve République se réformer et se réinventer. La France audacieuse face à la France malheureuse, la France novatrice face à la France nostalgique. Pour les uns, Emmanuel Macron est devenu le messager des mauvaises nouvelles, le porteur d'inquiétude, l'ingénieur du ressentiment. Une cible, un coupable. Pour les autres, il devient au contraire l'architecte du changement, le porte-drapeau de la modernité, le réformateur nécessaire.

Encore faut-il savoir traiter la haine, supporter le poids de l'accumulation des crises, tracer un chemin politique au sein d'une France déchirée, d'une Europe désaccordée, d'un G20 fragmenté. Encore faut-il définir un projet qui n'a été ni cristallisé ni installé durant la campagne présidentielle. Encore faut-il baliser un

Le retour de la haine

chemin, convaincre des alliés en France, en Europe, dans le monde. Encore faut-il être respecté en étant mal aimé, être entraînant sans être cassant, être déterminé sans être intransigeant, bref, présider sans consensus, avancer sans effrayer et innover sans bloquer. Oubliant la haine en espérant l'estime.

Chapitre 5
La régression de la démocratie française

La France a toujours eu des relations théâtrales et contrariées avec la démocratie. Elle a atteint des sommets, elle est tombée bien bas. Elle a souvent été pionnière, elle est loin d'avoir été pour autant exemplaire. Elle a beaucoup innové, inventé, inauguré. Elle a bien des fois régressé, transgressé, annulé. Elle possède tous les titres de gloire, elle porte aussi le fardeau de trop nombreuses rechutes, de trop nombreux reniements, de trop visibles défaillances. Elle peut aligner plus de grands esprits qu'aucune autre nation, Angleterre exceptée, ayant ouvert la voie de la démocratie : Montesquieu et sa célèbre théorie des pouvoirs, Voltaire et sa croisade intrépide pour les libertés, Condorcet et l'assomption des droits de l'Homme, plus tard Tocqueville et son incomparable réflexion sur les chemins et les périls, les règles et les pièges de la démocratie. Qui dit mieux ?

C'est aussi, on le sait bien, sur la terre de France qu'ont éclos tant de textes fameux qui ont traversé et parfois enflammé l'univers. La Déclaration des droits de l'Homme de 1789 qui éveilla toute l'Europe, l'inscription de cette même Déclaration en préambule de la

Le Prince balafré

Constitution de 1946, un texte ambitieux et novateur, ou encore la part majeure que prit le Français René Cassin, futur Prix Nobel de la paix, dans l'écriture de la Déclaration universelle des droits de l'Homme de 1948. Certes, l'Angleterre avec l'*Habeas Corpus* et le *Bill of Rights* avait un siècle d'avance, mais ces textes marquants n'avaient qu'une ambition nationale. La France, toujours à l'affût de prestige et de rêve, visait l'universalisme. Dans la bataille des idées démocratiques, elle a sans nul doute profondément marqué. Elle a ouvert la voie et éveillé le monde.

Elle est surtout passée aux actes. C'est elle qui en 1792 a mis sur pied le premier suffrage universel, certes masculin, certes indirect, certes fermé aux domestiques et aux indigènes mais plus largement ouvert que celui qu'expérimentaient les États-Unis à la même époque. C'est surtout elle qui en 1848-1851 adopte le suffrage universel masculin direct, une « première » historique. Il est vrai qu'en revanche, il faut attendre 1946 pour que les femmes accèdent ici enfin au vote, bien après les pays anglo-saxons. Il n'empêche : en matière de suffrage universel, la France ouvre la marche. Elle expérimente aussi, c'est plus modeste mais fort imaginatif, à peu près tous les modes de scrutins imaginables sous la IIIe et la IVe Républiques. Elle peut encore se vanter d'avoir progressivement enraciné, avec le Conseil constitutionnel et le Conseil d'État, deux institutions reconnues pour leur compétence et leur indépendance, parmi les plus prestigieuses au monde. En matière démocratique, la France s'est sans nul doute distinguée.

La régression de la démocratie française

Elle s'est souvent installée à la proue du mouvement universel en faveur des libertés, des droits de l'Homme, des institutions démocratiques.

Hélas ! ces titres incontestables n'effacent pas les reculs, les régressions et, pire, la situation de crise démocratique profonde qui s'installe aujourd'hui dans l'Hexagone. Depuis l'exploit de 1792 et celui de 1848-1851, les rechutes ont été multiples. La France a connu quinze régimes en deux siècles, tous nés de conflits, d'émeutes, de révolutions, de coups d'État ou de déroutes militaires. Au détriment des libertés et de la démocratie. La Révolution fut émancipatrice mais aussi convulsive et tyrannique. Les Empires furent despotiques, la Restauration fut oppressive, les débuts de la IIIe République furent violents, Vichy fut un autodafé des droits et des libertés, la IVe République mena des guerres coloniales durant lesquelles la démocratie était réservée à la métropole, la Ve République elle-même prit naissance sous la menace d'un putsch militaire. Durant la guerre d'Algérie, la démocratie fut toute relative. Plus près de nous, tout près de nous, il fallut encore recourir à l'état d'urgence qui enserre les libertés. La France a enfanté la démocratie mais l'a bien des fois abandonnée.

Ce qui la menace aujourd'hui est d'une autre nature. Certes, la lutte contre le terrorisme ainsi que les tentatives de contrôle du flux migratoire maltraitent par nature les libertés et questionnent la démocratie. Celle-ci est globalement néanmoins respectée, l'État de droit demeurant la règle. En revanche, un autre péril menace, se rapproche, pèse de plus en plus, celui d'un très perceptible essoufflement de la démocratie, l'installation, l'enracinement même d'une lourde fatigue démocratique. Cette fois-ci, le danger vient beaucoup moins de facteurs extérieurs, guerres et crises financières ou moins encore de tentation de coup de force intérieur mais d'un étrange et inédit endormissement. La France est menacée de léthargie démocratique et ce phénomène atypique, émergent, ne cesse de prendre de l'ampleur. La démocratie française est frappée d'indifférence.

Ce nouveau mal français est né au tournant des années 1990. Depuis, il ne cesse de croître et de s'imposer. Jusqu'à la fin des années 1980, le système politique fonctionnait bien. La Ve République s'était enracinée et perfectionnée. Le régime présidentialiste avec un monarque républicain élu au suffrage universel direct semblait enfin correspondre au tempérament politique français, désir d'autorité mais volonté de contrôle. Les institutions étaient populaires et atteignaient l'âge de la maturité. L'alternance socialiste de 1981, la première depuis 1958, avait confirmé la solidité de la Constitution gaullienne. Les cohabitations s'étaient déroulées sous le signe d'une compétition cruelle mais policée. L'épreuve avait été réussie. La majorité relative inaugurée en 1988 avait fonctionné démocratiquement, sinon paisiblement, malgré la détestation qui régnait entre Michel Rocard, Premier ministre social-démocrate et François Mitterrand, président socialiste passé du rouge vif au rose pâle. Les hommes politiques étaient respectés, les

La régression de la démocratie française

alternances s'huilaient. Les Français votaient en masse, les partis politiques regorgeaient de militants, la vie démocratique s'épanouissait. Si le Front national de Jean-Marie Le Pen inquiétait, le vieux Parti communiste déclinait rapidement. La France semblait s'installer au sein d'une économie de marché sociale-libérale et au cœur d'une Europe sociale-démocrate. Un équilibre neuf s'instaurait.

C'était une illusion. Derrière le masque de la maturité, un grand dérèglement se profilait, un reflux de la démocratie française s'annonçait. Que se passa-t-il ? Aux Trente Glorieuses, dynamiques et optimistes, avait succédé la double crise pétrolière de 1973 et 1978. Le chômage n'avait cessé de grimper, l'inflation persistante pesait, le moral s'affaissait. À l'extérieur, le monde redevenait dangereux. L'effondrement du bloc soviétique provoquait joie, crainte et incertitude. Et puis la double alternance de 1986 et 1988 avait terriblement déçu. L'expérimentation socialiste de François Mitterrand avait échoué. Aux avancées sociales avaient succédé les échecs économiques. L'amertume populaire s'était installée. La politique libérale du tandem Chirac/Balladur n'avait pas eu le temps de porter ses fruits et la France bourgeoise en portait le deuil. Et puis, les Français étaient-ils si européens que cela ? En 1992, le traité de Maastricht qui devait mettre sur pied l'euro n'avait été adopté que d'un souffle par 51 % des voix arrachées par un François Mitterrand jetant là ses dernières forces. La France était chirurgicalement coupée en deux. La crise économique n'en finissait pas

Le Prince balafré

de peser et de décourager, la vie politique s'aigrissait, la deuxième guerre d'Irak divisait les Occidentaux, l'Europe de l'Est inquiétait. Malgré un répit durant le gouvernement Jospin, le XXIe siècle commençait mal. Spectateurs pensifs et troublés, derechef profondément pessimistes, les Français s'absentaient de plus en plus de la vie démocratique, prenaient leurs distances. Le Covid épuisait, l'invasion de l'Ukraine angoissait. La régression menaçait sous trois formes : la crise de la participation citoyenne, la crise de la représentation politique et la crise de la synthèse républicaine.

Les chiffres sont cruels, imparables : l'abstention s'installe comme le premier parti de France. Puisque les alternances échouaient, puisque les crises économiques occidentales se succédaient (trois sous le seul quinquennat de Nicolas Sarkozy), puisque l'Europe s'enlisait (avec le rejet historique en 2005 de la Constitution européenne par 55 % des suffrages exprimés dans l'Hexagone), puisque l'insécurité progressait, puisque l'immigration s'accentuait (le pic étant atteint en 2015 avec une vague d'une ampleur sans précédent), où était l'espérance ? Les Français, déjà grincheux par tempérament et mécontents par tradition, trouvaient là d'authentiques sujets de protestation. Les uns s'extrémisaient, le Front national progressant et s'implantant, Jean-Luc Mélenchon s'affirmant, les autres, les plus nombreux, abandonnaient la vie civique pour la sphère privée et, les jours de vote, allaient de plus en plus souvent pêcher à la ligne.

Résultat, l'élection présidentielle, scrutin roi, celui à l'occasion de duquel les Français peuvent avoir le

La régression de la démocratie française

sentiment de peser de façon significative, parfois décisive, l'élection présidentielle elle-même ne fait plus recette comme avant. En 1965, 15 % d'abstention. En 1974, pour l'élection de Valéry Giscard d'Estaing, 12,7 %, un minimum historique absolu. En 1981, pour le second tour de l'élection présidentielle la plus spectaculaire de la Ve République, 14 % d'abstention. Dans toutes ces circonstances, le peuple prend vraiment son sort en main. En 2007 encore, après une campagne ébouriffante de Nicolas Sarkozy, seulement 16 % d'abstention. Mais en 2012 pour le match Sarkozy/Hollande, la barre des 20 % est atteinte au premier tour. En 2017 – une élection pourtant plus que surprenante avec le choc de l'affaire Fillon, la crainte qu'impose l'ascension de Marine Le Pen et la percée de Jean-Luc Mélenchon, la surprise du surgissement iconoclaste d'Emmanuel Macron –, la haie des 25 % est atteinte. En 2022, pour le match retour Macron/Le Pen qui se déroule pourtant en pleine tempête (la guerre d'Ukraine qui se déclenche, la nouvelle crise économique qui se profile, la crise du Covid qui déstabilise), elle est dépassée avec 26,3 % d'abstention au premier tour et pire, 28 % au second tour, plus 6 % de votes blancs et nuls. Le reflux est sensible : le pourcentage d'abstention a doublé en un demi-siècle. Les Français désabusés ne regardent plus l'élection présidentielle comme le choix du meilleur mais celui du moins pire. Ce n'est plus un vote d'espérance, c'est un vote de précaution, de défense, d'évitement. Dans les années 1980, il y avait vote d'espoir ou de sanction, dans les années 2020, c'est un vote de rejet ou de prudence, voire de découragement. Emmanuel Macron était un astre en 2017, il devient un rempart en 2022.

Si l'élection présidentielle est ainsi fragilisée, les élections législatives, elles, sont frappées de plein fouet. Au début de la Ve République, l'abstention s'établit autour de 20 % : 19,1 en 1967, 19,9 en 1968, 18,7 en 1973, 16,6 en 1978. L'équilibre de l'Assemblée demeure aux yeux des citoyens une affaire sérieuse, un sujet de première importance, malgré l'enracinement d'une République présidentielle. Trente-neuf ans plus tard, en 2017, l'abstention dépasse les 50 % : 51,3 % au premier tour des élections législatives, 57,4 % au second. Les Français regardent désormais les élections législatives comme des élections de second rang. Cinq ans après, en 2022, même phénomène : 52,5 % d'abstention au premier tour, 53,8 % au second tour, malgré des résultats inattendus, surprenants et alarmants. Le suspense n'a pas suffi, l'incertitude n'a pas mobilisé. L'enjeu est pourtant de taille : une majorité absolue au Palais-Bourbon pour Emmanuel Macron ou bien une majorité relative, voire comme le clame Jean-Luc Mélenchon, pas de majorité du tout pour le président et une cohabitation. Dans l'esprit des citoyens, les élections législatives sont donc déclassées, c'est l'indifférence ou le découragement qui prévaut. Les électeurs font désormais la grève de la participation.

Même chose pour les élections municipales, pourtant si proches de la vie quotidienne des Français et, jusqu'à la fin du XXe siècle, populaires et mobilisatrices.

La régression de la démocratie française

Jamais jusqu'au changement de millénaire l'abstention n'y a dépassé les 30 %. Las ! en 2020, lors du dernier scrutin, elle grimpe jusqu'à 55,4 %. De quelque type d'élection qu'il s'agisse, la participation reflue et souvent s'effondre. Symptôme indubitable de crise, la participation électorale vacille.

Il est vrai que la France n'est pas seule touchée par ce reflux. Aux États-Unis, l'abstention s'est enracinée, y compris pour l'élection présidentielle. En Europe, de nombreux pays sont atteints par cette maladie. Mais pas dans les mêmes proportions que la France, pas de façon aussi tristement spectaculaire. Dans les années 1980, la France apparaissait comme une nation particulièrement politique. Le débat idéologique y faisait rage plus qu'ailleurs. L'élection par le peuple d'un président puissant impressionnait et frappait les esprits, suscitant d'ailleurs des inquiétudes. À côté des régimes parlementaires qui nous entouraient avec leurs coalitions âprement négociées et leur partage du pouvoir méticuleusement notarié, nous étions ceux qui tranchaient vigoureusement, déterminés et massivement mobilisés. La France symbolisait le peuple souverain remettant par son vote des pouvoirs immenses à son monarque républicain. Impressionnant, imprudent, unique.

Aujourd'hui, c'est au contraire l'irruption de l'indifférence, du désengagement, du désarroi, de l'amertume et finalement du retrait. La France avait été fière de prendre son destin en main et d'assumer le risque qu'il y a à choisir un quasi-souverain. Désormais, elle semble comme effrayée par ses propres pouvoirs, comme intimidée par son privilège régalien mais surtout comme dépitée par l'impuissance de ceux à qui elle a remis la couronne. Impuissance à la protéger, à la conduire, à lui épargner les crises et les dérèglements et même – comme cela paraît illusoire aujourd'hui – à la faire rêver. À quoi bon un peuple souverain déléguant son pouvoir si le président élu n'empêche ni chômage, ni inflation, ni course de haies de crises en dérèglements, de menaces économiques, environnementales en périls maintenant militaires ? L'abstention française est la peine infligée par un peuple que les malheurs du temps, trop répétés, incitent à se retirer sous sa tente. La France avait cru que le pouvoir présidentiel qu'elle décernait lui promettait un bouclier. Elle constate que l'époque est cruelle et, dépitée, d'actrice influente elle devient spectatrice amère. Et si les Français, décidant de leur sort plus directement que les autres peuples, confiant davantage de pouvoirs à celui qu'ils choisissent, réagissaient plus violemment, plus sévèrement que les autres aux échecs, aux désillusions, aux crises et aux enlisements ? Et si la force même des institutions de la Ve République, la concentration du pouvoir qu'elle porte en elle muaient dans les traverses et les orages en un rejet plus sévère et même plus implacable que chez nos voisins ? Il en prend en tout cas l'apparence.

D'autant qu'il n'y a pas que l'électeur pour s'extrémiser ou se retirer du jeu. Le militant, lui aussi, prend le même chemin et le syndiqué également. La France devient à tous les étages le cimetière de la participation. Jadis, les partis recrutaient largement. Le PC se voulait un parti

La régression de la démocratie française

de masse, le RPF (Rassemblement du peuple français) lancé par le général de Gaulle contre la IVe République avait la même ambition. L'un et l'autre revendiquaient à un moment jusqu'à 700 000 adhérents. Il ne fallait bien entendu pas les croire. Sous la Ve République, les effectifs annoncés étaient certes devenus beaucoup plus modestes, mais le Parti communiste, le Parti socialiste, l'UNR puis RPR gaulliste proclamaient encore des chiffres imposants. Au milieu des années 1970, le PC prétend compter 500 000 membres. En 1958, l'UNR en annonce 280 000 et toujours 180 000 en 1969. On prête alors, sans doute naïvement, 100 000 adhérents au Parti socialiste. Bien plus récemment, sous la houlette de Nicolas Sarkozy, l'UMP revendique plus de 300 000 membres : des chiffres comparables à ceux des grands partis dans les principaux pays d'Europe.

Aujourd'hui, c'est la décrue et même la débâcle. Les deux partis de masse historiques ? Le Parti communiste n'est plus crédité que de quelque 40 000 adhérents, une misère pour une formation politique qui depuis 1920 quadrillait littéralement la France, à tel point que lorsqu'on disait « le Parti », chacun comprenait « le PC ». C'était une puissance, c'est aujourd'hui un vestige.

Le RPR gaulliste, parti de masse quelque temps, s'était reconverti en épine dorsale de la Ve République, capable de rassembler 20 000 sympathisants dans des meetings monstres, capables aussi de se transformer en marée humaine pour submerger les Champs-Élysées dans les grandes occasions. Aujourd'hui, le voilà tout

Le Prince balafré

heureux de se compter 91 000 à l'occasion du congrès chargé de désigner un nouveau président de LR. On est loin des grands rendez-vous que savaient orchestrer Jacques Chirac, Nicolas Sarkozy et même encore François Fillon.

Quant aux autres partis, traditionnellement plus modestes, ils font triste figure. Le PS, qui a pourtant donné à la Ve République deux présidents et huit Premiers ministres (dont la première femme chef de gouvernement, Édith Cresson), se recroqueville avec 22 000 membres. Une misère par rapport aux effectifs des partis sociaux-démocrates ou travaillistes européens. On aurait pu penser que les écologistes, portés par la prise de conscience spectaculaire du réchauffement climatique et de ses conséquences cauchemardesques, allaient attirer de nombreux adhérents. N'ont-ils pas une image positive chez de nombreux citoyens et plus particulièrement chez les jeunes ? Leurs effectifs demeurent pourtant lilliputiens : 11 000 adhérents, moins même que le MoDem (12 000 adhérents) archétype du parti d'élus. Une secte.

La République en Marche, devenue Renaissance, n'a, elle, cessé de ressembler à un objet virtuel. Née de la campagne présidentielle de 2017, elle n'a jamais tenté de se métamorphoser en un parti classique. Avec elle, tout ou presque se passe sur Internet, les réseaux sociaux, les sites, dans les blogs, sur YouTube. C'est, comme curieusement les Insoumis de Jean-Luc Mélenchon, un parti numérique ou plutôt un mouvement numérique. Il peut donc revendiquer un certain moment plus de 400 000 adhérents (La France insoumise, elle, s'en est attribué plus de 500 000). Mais il s'agit d'adhérents à deux clics, en réalité de simples sympathisants. Leur nombre impressionne, leur engagement laisse sceptique. Aujourd'hui, Renaissance semble compter 27 000 adhérents réels actifs et à jour de leurs cotisations, mais 140 000 supporters sur les réseaux sociaux. Elle a pu réunir près de six millions de voix au premier tour des élections législatives (5 857 364) et la NUPES pratiquement autant (5 836 079), selon les chiffres du ministère de l'Intérieur ; ce sont, l'un comme l'autre des partis d'électeurs et pas de militants. Deux leaders charismatiques, aux antipodes l'un de l'autre, triomphant aux élections mais ne cherchant même pas à structurer réellement le terrain. Est-ce la physionomie des nouveaux partis du XXIe siècle ou bien une singularité française, ou encore un phénomène lié à deux personnalités atypiques, menacé de ne pas leur survivre après l'élection présidentielle de 2027 ? En tout cas, une drôle de démocratie abstraite.

Restent les partis d'extrême droite, le Rassemblement national et Reconquête. Le parti de Marine Le Pen est fort de 4 248 537 électeurs et faible de 83 000 adhérents, pas forcément à jour de cotisation. D'autres sources parlent même de 35 000. Le RN a beau être un parti populiste, ce n'est en rien un parti de masse. Il ne cherche pas non plus à se construire en parti numérique, c'est plutôt une formation classique, un noyau dur, comptant de plus en plus d'élus locaux, régionaux et nationaux mais avec encore un long chemin devant lui avant qu'il ne puisse se comparer à l'enracinement des Républicains (LR), du Parti socialiste, du Parti communiste ou du MoDem, tout malades qu'ils soient. Ce n'est pas de ce côté-là que l'on peut trouver une nouvelle forme de participation citoyenne.

Dans ce paysage désolé – tant de partis en panne de militants –, Reconquête a fait durant un semestre figure d'exception. La candidature inopinée d'Éric Zemmour, la passion qu'il a soulevée à l'extrême droite et même à droite, l'aversion et la fureur qu'il a suscitées à gauche, la réussite de ses premiers meetings et de ses premières émissions avant qu'il ne vacille de gaffe en gaffe et ne fasse naufrage de formules désastreuses en commentaires navrants, cette passion atypique a subitement mobilisé des sympathisants et inspiré des vocations de militants. Étrange phénomène : en quelques mois, Reconquête a pu rassembler jusqu'à 132 000 adhérents versant leurs cotisations avec célérité. L'élan est vite retombé et la flamme a vacillé aussi prestement qu'elle s'était allumée. Éric Zemmour espère reconquérir 60 000 adhérents autour de son nouveau livre et prouve qu'il n'était pas seulement un météore inattendu. Il a en tout cas démontré en un semestre ce que le Rassemblement national n'a jamais pu faire, déclencher une vague (ou un mascaret). Une étrangeté éphémère.

Le reflux spectaculaire de l'engagement et du militantisme au sein des partis se retrouve au sein du syndicalisme tricolore. Celui-ci n'est pas seulement l'un des plus faibles d'Europe et même du monde occidental, il ne cesse de décliner, notamment depuis les années

La régression de la démocratie française

1980. On évalue, peut-être généreusement, le taux de syndicalisation français global à 10,3 % (mais 8 % dans le secteur privé) des salariés, chiffre à comparer avec les 30 % ou plus qui se rencontrent fréquemment dans les autres pays du Vieux Continent. La CGT revendiquait dans les années 1950 plus de trois millions d'adhérents et était alors de très loin le premier syndicat français. Aujourd'hui, dépassée d'une courte tête par la CFDT, elle doit se contenter de moins de 650 000 membres. Une érosion qui frappe d'ailleurs tous les syndicats dont les chiffres sont de surcroît généralement suspects. La bataille des retraites a légèremment fait remonter le taux, mais pour combien de temps ? Il n'y a pas à s'en réjouir car le tissu syndical est irremplaçable, tant au niveau national que dans les branches professionnelles et au sein des entreprises. Sans syndicat, pas de dialogue social. Avec les syndicats, ce n'est certes pas une partie de plaisir mais un syndicat faible devient bien souvent un syndicat radical et l'on peut constater que dans les pays européens où le syndicalisme est le plus fort, le dialogue social est bien plus efficace et productif qu'ici. L'aptitude au compromis croît avec les effectifs syndicaux. La régression française constitue donc un handicap. Elle témoigne aussi d'un désengagement social qui confirme le désengagement politique.

S'il y a crise manifeste de la participation, il y a simultanément crise de la représentation. Celle-ci concerne les élus. Le moins que l'on puisse constater est qu'elle a pris également ces dernières années une ampleur spectaculaire et inquiétante. L'image du personnel politique chez

Le Prince balafré

les Français est, cent sondages l'attestent, consternante. Dans toutes les enquêtes, les deux caractéristiques qui émergent sont la malhonnêteté et la surdité des élus. Les citoyens les prétendent corrompus et indifférents à leurs requêtes, refusant d'être à l'écoute de leurs électeurs. Ce verdict terrible est manifestement injuste. La France compte plus de 500 000 élus dont l'immense majorité siège dans les conseils municipaux. Il n'y en a pas 1 % à faire l'objet de poursuites judiciaires. Par ailleurs, l'hypothèse d'élus indifférents aux revendications, aux demandes ou aux rejets de leurs administrés est tout aussi absurde et désobligeante, ne serait-ce que parce que la reconduction des mandats est de toute évidence directement liée à la capacité d'écoute des élus. Que ceux-ci ne soient pas forcément convaincus par les doléances ou les espérances de leurs électeurs est une chose. Qu'ils n'aient pas toujours les moyens de les satisfaire en est une autre. L'hypothèse d'une surdité volontaire ou non, elle, relèverait du masochisme. Il n'empêche que l'accusation existe bel et bien dans la tête des électeurs, elle y est même profondément ancrée et cela débouche sur des incompréhensions réciproques et même sur des ruptures. L'épisode des Gilets jaunes en est d'ailleurs la manifestation la plus brutale. L'augmentation dramatique des violences verbales et de plus en plus physiques contre les élus, allant jusqu'à des agressions à leur domicile, des menaces de mort, voire des tirs « d'avertissement » et des tentatives d'incendie sur leurs maisons en constitue un autre signe. Le fossé entre électeurs et élus s'est profondément creusé en un demi-siècle et le rythme de cette rupture ne cesse de s'accentuer.

Par ailleurs, il est vrai que certaines décisions prises à contre-courant des sentiments populaires, comme la tentative d'instaurer une taxe carbone (pourtant justifiée), la réduction de la vitesse maximale à 80 km/h ou *a fortiori* le spectre de l'élévation de l'âge de la retraite, créent des clivages parfois vertigineux entre gouvernants et gouvernés. De même les « affaires » retentissantes – comme celles dites « Cahuzac » (du nom du si brillant ministre du Budget détournant des comptes personnels clandestins vers la Suisse), « Bygmalion » (irrégularités massives dans le budget d'une campagne présidentielle) ou encore le feuilleton des comptes de la Ville de Paris sous la mandature de Jacques Chirac – déclenchent des ruptures psychologiques profondes entre électeurs et élus. Elles sont de plus en plus vigoureusement sanctionnées, de plus en plus attentivement surveillées, de plus en plus strictement contrôlées et donc de plus en plus rares, elles n'en laissent pas moins de profondes cicatrices. La République a besoin de vertu et tous les élus ne peuvent pas être des saints. L'injustice est que les élus pécheurs partagent leurs blâmes avec la masse des élus innocents.

Autre motif beaucoup mieux fondé celui-là, et aux effets eux aussi délétères, le décalage sociologique croissant entre les électeurs et les élus. La France populaire – ouvriers, employés, paysans – et même la France des classes moyennes n'a de plus en plus le choix qu'entre des candidats issus de catégories sociales aisées et très diplômées, voire des catégories les plus privilégiées. Ce découplage si perceptible donne aux électeurs le sentiment d'être dirigés par des élus qui n'ont pas la même expérience de la vie quotidienne qu'eux, qui ne connaissent pas les mêmes angoisses et les mêmes frustrations – salaire modeste, habitat éloigné des lieux de travail, dépenses contraintes, fins de mois difficiles pour les uns et pour les autres perspectives de promotions aléatoires, infériorité des salaires féminins, mutations technologiques anxiogènes, dévalorisation de certains diplômes, coûts des études universitaires des enfants – qui, donc, même de bonne volonté, n'ont pas du tout la même hiérarchie des urgences. En ce sens les élections, loin de resserrer les liens sociaux, les distendent.

  En 1789, aux États généraux, on ne comptait aucun ouvrier ni aucun paysan parmi les députés, bien que les travailleurs des villes et des champs constituent l'immense majorité de la population. En 1936, la Chambre des députés du Front populaire, la plus à gauche jusqu'alors, comptait 36 % d'élus issus de la moyenne bourgeoisie, 20 % d'élus issus de la petite bourgeoisie et 15 % seulement d'élus issus de la classe ouvrière. Le décalage entre la composition politique et la composition sociologique du Palais-Bourbon était encore spectaculaire. En 1946, aux premières élections législatives de la IVe République, ouvriers et employés, largement majoritaires et même hégémoniques au sein du peuple, n'étaient que 18,8 % au sein de la nouvelle Chambre. Sous la Ve République, selon

La régression de la démocratie française

le politologue Jean Charlot, de 1958 à 1973, 60 % des députés étaient issus des classes supérieures, 25 % des classes moyennes et 15 % des classes populaires. La distance ne cesse de se creuser entre représentation politique et composition sociologique. Sous Valéry Giscard d'Estaing, 84 % des ministres sortaient de grandes écoles ou possédaient de hauts diplômes. En 1981, au sein de l'Assemblée nationale la plus à gauche de la Ve République, 39 % des députés étaient issus des classes moyennes, un chiffre record, venant majoritairement du secteur public et en particulier des enseignants mais les députés issus des classes populaires n'étaient malgré tout que 12 %. Difficile dans ces conditions d'imaginer, au-delà des clivages politiques, une identification sociale entre électeurs et élus. La France parlementaire ne ressemble jamais et n'a jamais ressemblé à la France populaire. L'égalitarisme national ne peut qu'en être offusqué.

  La représentation parlementaire a beaucoup évolué en 2017 et 2022 mais, là encore, pas au bénéfice des catégories populaires. En 2017, année de la grande marée de La République en Marche, 90 % des députés LREM n'ont jamais détenu de mandat parlementaire et 56,5 % jamais aucun mandat électoral. On enregistre surtout, parmi ces nouveaux élus, 51 % de cadres issus du secteur privé, un record absolu. Au sein de cette nouvelle Chambre, agriculteurs, artisans, commerçants, chefs d'entreprise sont représentés dans des proportions très proches de ceux qu'ils représentent dans la population. En revanche, c'est la caractéristique majeure de l'Assemblée nationale en 2017, les cadres et les professions intellectuelles supérieures composent 76 % des élus alors qu'ils sont 21,6 % au sein de la population. Une surreprésentation évidemment massive. À l'opposé, les employés ne sont que 4,5 % contre 26,2 % dans la population et les ouvriers... 1,2 % contre 19,1 % dans la population. La disproportion devient caricaturale. En 2022, malgré le net reflux de La République en Marche, les députés issus des catégories supérieures sont encore 72 %. En 2017, aucun ouvrier ne siège à l'Assemblée nationale, en 2022, sept seulement, essentiellement chez les Insoumis et, à un moindre degré au Rassemblement national. C'est aussi chez les Insoumis que l'on compte le plus d'employés (néanmoins moitié moins que dans la population). La sous-représentation populaire a toujours été flagrante. Sous Emmanuel Macron, elle s'accentue encore.

Il est vrai qu'en revanche, la représentation des femmes s'est beaucoup améliorée au sein du monde politique. La parité est devenue un principe au gouvernement. La loi l'impose aux élections municipales, départementales et européennes. À l'Assemblée nationale, elles sont 37,6 % en 2022 (39 % en 2017) et au Sénat lui-même, 34,8 %. Au Palais-Bourbon elles sont 56,5 % chez les écologistes, 42,6 % chez les Insoumis, 42,3 % chez les macronistes. LR demeure le plus réfractaire au mouvement, ce qui lui vaut d'ailleurs de lourdes pénalités financières.

Cependant, au sein des assemblées locales (conseils régionaux, départementaux et municipaux), les

La régression de la démocratie française

présidences restent essentiellement masculines malgré une amélioration récente. En revanche, même à l'Assemblée nationale, ce que l'on appelle les « minorités visibles » (euphémisme pour « d'origine non européenne ») demeurent sous-représentées. Elles ne trouvent leur place naturelle que chez les Insoumis, puis les écologistes, les socialistes et les macronistes. En revanche, elles n'existent même pas dans les rangs de LR et du Rassemblement national.

Le Parlement est certes censé représenter d'abord les différentes sensibilités politiques françaises. Il n'est pas supposé reproduire de façon mécanique la cartographie sociologique française. Il projette cependant une image lourdement inversée de la réalité sociale. Cadres supérieurs et professions intellectuelles supérieures se taillent la part du lion, n'abandonnant que des bribes aux catégories populaires et, à un moindre degré, aux classes moyennes. En quarante ans, le phénomène s'est nettement accentué. C'est certes mieux que le cens fondé sur la contribution fiscale qui n'a disparu qu'en 1848. Reste que si sous la présidence Macron la représentation nationale s'est féminisée et rajeunie, elle est aussi devenue plus élitaire que jamais. Un diplôme sanctionnant de solides études supérieures devient le passeport pour le Parlement comme jamais auparavant, créant un sentiment d'injustice qui est aussi un terreau pour la montée des populismes d'extrême gauche et d'extrême droite.

Autre facteur qui contribue à la crise de la représentation politique, la désacralisation des élus et des dirigeants. On a vu à quel point leur image est déplorable. Il faut de surcroît se souvenir que jusqu'à la fin des années 1980, le pouvoir en imposait et les hommes politiques, les parlementaires, les maires, les élus étaient respectés. En France, État et pouvoir politique sont intimement liés et, si l'on n'aimait pas forcément les dirigeants ou les majorités du moment, on les regardait avec déférence. Les hommes politiques, les élus, semblaient en somme assimilés à l'État dont ils étaient à la fois les maîtres et les serviteurs. Il y avait de la considération pour les grands dirigeants, de l'estime pour les élus. Pas forcément de la popularité mais au moins du respect.

L'évolution spectaculaire des médias audiovisuels à partir des années 1980, l'usage souvent imprudent qu'en firent dirigeants et élus, l'essor foudroyant de la communication des « spin doctors » vendant conseils, stratégies et ficelles puis, au XXIe siècle, la croissance folle des réseaux sociaux et le rôle décisif des chaînes d'information continue ont conjugué leurs effets. L'image des hommes politiques et des élus en a été caricaturée et dévalorisée.

L'avènement de l'audiovisuel, en particulier de la télévision, a bouleversé les rapports entre électeurs et élus. Les dirigeants politiques, à quelque niveau qu'ils se situent, ont cessé d'être seulement des acteurs pour devenir aussi des sujets, presque des objets. La distance a disparu, la rareté a disparu, le mystère a disparu. Les hommes politiques sont devenus des acteurs, des images, le décor de la vie quotidienne, en permanence soumis au regard rarement tolérant de leurs électeurs. On ne respecte pas un personnage toujours en scène ou du moins inscrit dans le décor comme on regarde un décideur lointain et rare. Il y a banalisation et généralement déclassement.

Pire : poussés par l'esprit de concurrence, inspirés par leurs conseillers ou simplement mus par le désir de se faire connaître ou d'accroître leur notoriété, les hommes politiques, les élus se sont parfois agenouillés et même prosternés devant les lois de l'audiovisuel. Ils ont participé à des émissions de variétés, fréquenté des programmes parodiques, ils ont chanté, joué, étalé leur vie privée, multiplié les fausses confidences : ils se sont dénudés, exhibés. L'arène politique est en ce sens devenue un camp de nudistes. Même les programmes de bon standing évitant le graveleux et le grossier se sont tellement multipliés qu'ils se sont inévitablement banalisés. Fouettés par la concurrence de leurs rivaux, poussés par leurs ambitions personnelles, les politiques sont obsédés d'être là, tout le temps : le petit matin aux interviews des radios, à midi dans la presse, le soir aux émissions des chaînes généralistes et toute la journée sur les directs des chaînes d'information, piqués par la fourmilière des réseaux sociaux, y installant de plus en plus leurs propres émissions, ils s'exhibent, souvent à leur détriment. Bien entendu, tous ne succombent pas, beaucoup se défendent, certains freinent des quatre fers. Mais combien résistent vraiment ? Quand trouvent-ils le temps de travailler leurs dossiers, de recevoir leurs électeurs, de courir de commissions en séances publiques, de réunions de partis en voyages de travail ? Beaucoup sont les prisonniers volontaires d'un système qui les domine.

Il est vrai qu'à leur décharge, il faut avoir le goût du pouvoir, l'ambition de jouer un rôle en public ou un sens aigu de l'État pour entrer en politique au XXIe siècle. Car, outre une charge de travail correspondant au minimum à soixante-dix heures par semaine – deux fois les trente-cinq heures –, les hommes politiques ont à la fois moins de prestige, moins de pouvoir réel, moins d'argent et moins de vie privée qu'auparavant. Il faut donc réellement savoir ce que l'on fait quand on s'engage : un travail passionnant mais harassant, avec des horaires cannibales, des émoluments que les Français jugent trop élevés mais qui ont fortement diminué depuis la fin du cumul des mandats, une précarité permanente, cela va de soi, exposés qu'ils sont au flux et au reflux puissant des marées politiques ; le feu nourri d'attaques permanentes venant des adversaires, des rivaux mais aussi d'électeurs de plus en plus agressifs et intrusifs ; enfin, comme on l'a vu, d'un système médiatique séducteur et du déversoir de réseaux sociaux traquant en permanence chaque parole, chaque geste, chaque rencontre, chaque faille, voire chaque arrière-pensée : une toile d'araignée où l'élu tient le rôle de la mouche emprisonnée.

Autre facteur de cette crise de la représentation, le choc du référendum de Maastricht en 1992, on l'a vu, mais surtout celui du référendum constitutionnel

La régression de la démocratie française

européen de 2005. Dans les deux cas, il s'agit de l'avenir et même du destin de l'Europe. Le référendum de Maastricht voulait instituer la monnaie unique, comme on sait. Adopté sur le fil à l'époque, salué par une large majorité de Français aujourd'hui. Beaucoup avaient été impressionnés par le grand air de la fin de la souveraineté nationale, entonné en chœur par les lepénistes, les communistes, les chevènementistes mais surtout par les gaullistes Charles Pasqua et Philippe Séguin. En conséquence, aux élections législatives de l'année suivante, en 1993, la gauche mitterrandienne s'effondre, la droite prend sa revanche, le Front national réussit une nouvelle percée. Les Français restent très amers d'un choix référendaire qu'aujourd'hui ils plébiscitent.

La même frustration s'exprimera de façon beaucoup plus légitime après le rejet du référendum européen de 2005. Cette fois, il s'agit de doter l'Union européenne d'une Constitution ambitieuse qui offrira en particulier au Conseil européen des chefs d'État et de gouvernement un pouvoir de décision largement accru. Jacques Chirac a choisi la voie du référendum, tant le sujet est d'importance et sans doute le trouble. À juste titre car c'est aux Français eux-mêmes de dire s'ils veulent s'engager dans une direction aussi novatrice. Malheureusement, à cette époque, Jacques Chirac et le gouvernement Raffarin sont particulièrement impopulaires et les Français, interrogés sur un « oui » à l'avenir de l'Europe, ont bien l'intention de répondre par un « non » à Chirac. Celui-ci, peu inspiré par le sujet, mène de surcroît une campagne calamiteuse. Sur les réseaux sociaux, dont c'est la première apparition comme force politique majeure, un torrent de « fake news », de mensonges délibérés, se déverse. Résultat, le référendum est repoussé par 55 % des voix, bloquant net la Constitution européenne. Les partisans du « non » exultent, mais deux ans après ils déchantent et s'indignent. Nicolas Sarkozy, élu président en 2007, imagine un traité européen simplifié, le traité de Lisbonne qui reprend le cœur du projet. Après une négociation menée tambour battant, il aboutit à une ample ratification parlementaire. Cette fois, plus question de référendum. Le Parlement entérine le projet avec enthousiasme. Sa décision s'impose. Les partisans du « non » de 2005 s'insurgent et se sentent littéralement dépossédés de leur vote, amputés de leur référendum. La *Blitzkrieg* de Nicolas Sarkozy est parfaitement légale. Elle n'est pas déloyale puisqu'il a indiqué ses intentions durant sa campagne. Mais les 55 % de Français qui ont voté « non » en 2005 se sentent floués et humiliés. On leur a dérobé leur vote. On les a dévalisés. On a manipulé la voie parlementaire pour effacer la voie référendaire. On a repris par la voie parlementaire ce que l'on avait perdu par la voie référendaire. Même si c'est bien joué juridiquement, c'est dangereux sur le plan politique. Chez beaucoup de Français, il en reste un sentiment de dépossession démocratique. Le Parlement a effacé le référendum. Les élus pèsent donc plus que les électeurs. Pour une

La régression de la démocratie française

partie des citoyens, la confiance en la démocratie a été cette année-là éborgnée.

Elle l'est aussi par le poids croissant de deux facteurs qui relèvent autant de la sociologie et de la psychologie collective que de la politique à proprement parler : la poussée de l'individualisme et la crise de l'autorité. La première est manifeste, la seconde s'enracine. Les facteurs de la poussée de l'individualisme sont bien connus. Le rapport au travail s'est discrètement, continûment et maintenant spectaculairement modifié. L'organisation du travail elle-même a muté. Le temps des immenses usines avec les ouvriers à la chaîne est largement révolu. La majorité des ouvriers travaillent maintenant seuls, comme les caristes ou les chauffeurs, beaucoup de cols bleus exercent des activités de service et non plus dans l'industrie. C'est une métamorphose. L'ouvrier solitaire n'est plus toujours un ouvrier solidaire. La conscience de classe s'effiloche, chacun gère sa carrière comme il le peut. L'époque où l'on s'engageait dans une grande entreprise pour la vie – le fameux modèle Michelin ou Peugeot avec maisons ouvrières, activités sportives, centres de vacances –, cette époque-là s'éloigne. La nouvelle génération, à tous les étages de la hiérarchie professionnelle, dans toutes les branches, entend conduire à sa manière son engagement dans une entreprise, bien plus disposée qu'auparavant à changer de travail, à gérer son temps, à décider des conditions de son implication. Les nouveaux diplômés veulent par exemple évaluer l'engagement écologique ou éthique de leur employeur.

Le Prince balafré

La révolution numérique façonne par ailleurs un nouvel individualisme. Dans la vie professionnelle comme dans la vie privée, les mails remplacent souvent les conversations. Le télétravail qui se développe à vive allure désocialise et individualise. Simultanément, la fin du service militaire, la chute de la pratique religieuse font s'effondrer des piliers délabrés de la vie collective. En ce sens, la chute de l'engagement citoyen devient presque logique.

La crise de l'autorité va dans le même sens. Toutes les figures sociales sont contestées ou dévalorisées. Le personnage de l'enseignant, jadis si respecté, est bousculé, interpellé voire menacé par des parents. Le personnage du prêtre est contesté et suspecté. Celui du pater familias régnant dans son foyer semble sortir de la période préhistorique. Le policier est agressé, le magistrat est conspué et même le médecin est discuté. Dans ces conditions, que la figure de l'homme politique soit lourdement mise en cause ne peut guère surprendre et que la participation électorale chute lourdement ne peut davantage étonner. Montée de l'individualisme, refus de l'autorité et régression démocratique se conjuguent et s'enchevêtrent.

À quoi il faut naturellement ajouter le poids des particularités politiques françaises. Elles sont nombreuses et pèsent lourd. Le citoyen français est, on le sait, un citoyen très mécontent. Il l'est par tempérament, par tradition et aussi en réaction aux crises et aux mutations des dernières décennies. Il n'est pas seulement critique mais profondément insatisfait et pessimiste,

La régression de la démocratie française

plus insatisfait et plus pessimiste que tous les peuples en situation comparable et même, paradoxalement, plus que des peuples aux conditions de vie dramatiquement inférieures aux siennes. Ce n'est pas qu'il manque de sujets de colère et de sentiments d'injustice fondés mais il les ressent et les exprime avec une virulence et une insistance redoublées. Le modèle social français n'est certes pas parfait, il n'en reste pas moins l'un des plus protecteurs et généreux au monde, et cependant les Français ont un sincère sentiment de profonde injustice, d'abandon, et pire que tout, de persistance et même de creusement des inégalités. Elles sont moindres qu'ailleurs en Europe, elles sont vécues ici comme plus insupportables. Lorsqu'il se regarde dans la glace, le Français se voit comme la victime particulière des inégalités.

Il est vrai qu'entre diplômés et non-diplômés, qu'entre citadins des grandes villes et néoruraux des lointaines campagnes, qu'entre habitants des beaux quartiers et habitants des cités quadrillées par les dealers, les différences se creusent, vrai encore que les inégalités de tous genres s'affichent en permanence sur les chaînes de télévision et provoquent d'incessantes polémiques sur les réseaux sociaux. L'égalitarisme français, déjà bien plus vif que chez nos voisins, se trouve ainsi en permanence entretenu par les médias et les réseaux sociaux.

Les clivages français se multiplient et se compliquent par ailleurs. Le clivage séculaire gauche/droite ? Il s'extrémise sans cesse, surtout depuis l'ascendant des Insoumis sur la gauche et celui du Rassemblement national sur la droite. Des deux côtés de la scène politique, la radicalisation est spectaculaire mais le duel des vieux partis de gouvernement, Parti socialiste et parti néo-gaulliste, est éclipsé par cette rivalité entre Jean-Luc Mélenchon et Marine Le Pen. Leurs deux programmes sont bel et bien des programmes de rupture avec l'OTAN, avec l'Europe, avec l'économie de marché, avec la politique migratoire, avec l'ordre républicain classique. C'est une bataille à côté de laquelle l'alternance traditionnelle des partis de gouvernement ressemble à une partie de croquet.

Extrémisation encore à propos de la laïcité : il s'agit là d'un clivage classique, profond mais qui après les tumultes du début du xxe siècle, malgré les fractures à propos de la question du mariage pour tous, de la PMA ou de la fin de vie, avait trouvé son équilibre au sein de la République. C'est désormais, on le voit, l'inverse qui se produit, les guerres idéologiques de religion qui flambent et qui s'imposent. La question de l'islam est devenue le chaudron de controverses permanentes. Le sujet entretient l'extrémisme politique. Il oppose même frontalement les extrémismes politiques entre eux – Insoumis contre Rassemblement national – et entraîne dans ces tumultes, bon gré, mal gré, toutes les forces politiques. L'anxiété et la colère balaient tout : immigration, islamisation et insécurité deviennent un cocktail infernal qui oppose frontalement les Français car, au fond des choses, c'est bien

La régression de la démocratie française

entendu la question de l'identité française qui émerge et scinde.

Elle croise la persistance d'un autre clivage qui demeure, celui qui oppose souverainistes ou nationalistes et Européens. En apparence, il semblait s'apaiser. Marine Le Pen et Jean-Luc Mélenchon n'avaient-ils pas accepté de retirer de leurs programmes présidentiels la sortie de l'euro et la sortie de l'Union européenne ? Certes avec force restrictions, conditions et surtout arrière-pensées. Il n'empêche, durant la crise du Covid, l'intervention de l'Europe avait été salutaire et la solidité de l'euro avait été démontrée. L'invasion de l'Ukraine par la Russie, la violence d'une guerre sans merci, la nécessité pour la France de prendre clairement parti, l'aide politique, militaire, diplomatique déployée par Emmanuel Macron ont aussitôt ressuscité les clivages. On vit bientôt deux camps se former, d'un côté les Européens prenant parti sans hésiter en faveur d'une aide résolue à l'Ukraine traitée en alliée naturelle et de l'autre les Insoumis et le Rassemblement national bien moins allants et même visiblement réticents, ne prenant leurs distances avec Poutine que lentement et partiellement, critiquant au contraire vivement les États-Unis d'une même voix. Les vieux antagonismes ressurgissent irrésistiblement. La question européenne scinde toujours les Français. Comme la laïcité, comme l'immigration, comme surtout le sentiment d'inégalité, comme aussi la montée de l'individualisme et l'ébranlement de l'autorité. Elle divise et fragilise la démocratie française. Il demeure de surcroît qu'une victoire de la NUPES réanimerait le spectre d'une VIe République et que le triomphe de Marine Le Pen impliquerait le risque de l'établissement d'une démocratie illibérale sur le modèle hongrois, donc régime d'assemblée d'un côté, demi-démocratie de l'autre. Deux hypothèses peut-être improbables mais certainement pas impossibles.

Face à cela, Emmanuel Macron possède-t-il encore les moyens de « réenchanter la politique » comme il en proclamait l'intention en 2017 ? Depuis son fameux « grand débat », il expérimente certes quelques formes nouvelles de participation des citoyens. Son Conseil national de la refondation, si brocardé au départ, commence à fonctionner modestement. Ses instances régionales semblent avoir plus de succès, plates-formes de débats sur l'écologie, le système énergétique, le nucléaire ou la fin de vie se multiplient. Il y a là l'esquisse de formes de discussions qui ne peuvent évidemment s'enraciner qu'à condition que leurs conclusions soient prises en compte. Pour l'instant, il ne s'agit que d'un apprentissage.

Par ailleurs, présidence relative impose, la vie parlementaire redécouvre les charmes et l'utilité des échanges, des discussions et des consultations – comme les « entretiens de Bercy » préalables à l'examen des projets de lois de finances. Tant mieux, même si cette redécouverte est soumise aux aléas de la température politique du moment. De même, les rencontres entre l'exécutif, les groupes parlementaires et

La régression de la démocratie française

les partis représentatifs se multiplient par exemple sur les retraites, même si elles n'inspirent pas de conversion. Plus d'écoute, plus de cordialité mais sur un fond d'antagonisme irrésistible et de tumulte parlementaire inédit depuis bien longtemps. De même encore les collectivités locales sont-elles cette fois-ci plus consultées et mieux traitées sous le second quinquennat que sous le premier. Un changement de style ou une vraie inflexion ? La suite le dira. Mais pas un tournant, en aucun cas une réinvention.

Une commission pluraliste sur l'évolution des institutions est également au programme de 2023. Il est question du mode de scrutin (une dose de proportionnelle autour de 20 %), d'accès des citoyens aux référendums, d'organisation de la vie parlementaire, du rythme des élections. Les pouvoirs du Conseil supérieur de la magistrature seront rituellement évoqués. Il semble très improbable que ces réflexions modifient la structure des institutions et l'équilibre des pouvoirs, on toilettera peut-être, on ne bouleversera sûrement pas. En réalité, si toutes ces améliorations se réalisent, si toutes ces tentatives ne s'enlisent pas, il s'agira plutôt d'améliorer des comportements et de civiliser les rapports institutionnels plutôt que de modifier la nature du régime, *a fortiori* les formes de la démocratie.

En fait, pour lutter effectivement contre la régression de la démocratie française, ce qui manque cruellement, c'est un projet présidentiel explicite et ambitieux, capable de susciter la curiosité, voire d'éveiller un espoir. Le général de Gaulle était crédité d'un projet de ce type, Valéry Giscard d'Estaing aussi, tout comme François Mitterrand. L'Emmanuel Macron de 2017 pouvait laisser croire lui aussi qu'il était porteur d'un rêve de rénovation, de rajeunissement de la démocratie. Celui de 2022 n'y est pas parvenu. La campagne présidentielle s'est enlisée sous le poids d'un programme obèse d'où n'a émergé que la très impopulaire réforme des retraites. Certes, on perçoit bien l'ambition européenne vigoureuse du président, le choix du travail et de la croissance comme moteurs de la politique économique. C'est trop peu et trop sage. Rien qui fasse rêver, rien qui mobilise et galvanise, qui lance le débat.

Il existe aussi une piste nouvelle à propos du « partage de la valeur », c'est-à-dire, au-delà du jargon technocratique, de la répartition des bénéfices entre dividendes des actionnaires, investissements des entreprises et « dividendes salariés », une fraction des profits statutairement dévolue aux salariés, négociée et institutionnalisée. Bref, l'extension de la participation financière des salariés aux fruits de l'entreprise. Cela ressemblait à une résurgence inattendue du vieux rêve gaullien de l'association capital-travail, sous une forme beaucoup plus moderne. Il y avait là une intuition. Elle a voleté quelques semaines avant de disparaître. Elle réapparaît maintenant et fait même l'objet d'un accord entre patronat et syndicats qui s'est transformé en loi. Aurait-elle pu devenir le noyau d'un projet ? C'eût été en tout cas un sujet de débat et peut-être d'espoir. Il s'est envolé

La régression de la démocratie française

alors à tire-d'aile. Substantiel ou non, artificiel ou pas, novateur ou ambigu, au moins esquissait-il ce qui a finalement si cruellement manqué : un nouvel horizon après tant de crises. Une idée neuve ou retrouvée mais une idée, une piste. Peut-être est-ce l'occasion d'éveiller la curiosité d'une démocratie française singulièrement dévitalisée.

Chapitre 6
Après Macron, qui ?

Dans la situation politique actuelle, si chaotique, si fluctuante, si fragile, il n'existe qu'une seule certitude : Emmanuel Macron ne se représentera pas en 2027, la Constitution le lui interdit depuis la réforme de 2008 qui limite à deux le nombre de mandats successifs possibles pour le chef de l'État. C'est Nicolas Sarkozy, alors président de la République, qui l'a voulu expressément. Deux quinquennats de suite, deux quinquennats seulement. À vrai dire, l'hypothèse d'un troisième mandat ne s'était présentée pour personne. S'agissant d'Emmanuel Macron qui n'aura pas 50 ans en 2027, elle eût été fort improbable, sinon impossible. Elle n'aura pas lieu. Le président quittera bien la rue du Faubourg-Saint-Honoré dans quatre ans, quelles que soient les circonstances, la Constitution le veut.

Dès lors, les ambitions s'esquissent ou se dessinent sans attendre. Certes, elles ne se précisent pas, s'officialisent encore moins. Il faudra sans doute attendre les élections européennes de 2024, premier grand rendez-vous politique programmé du second quinquennat d'Emmanuel Macron, première grande occasion de mesurer à l'échelle nationale le nouveau rapport des forces. D'autant plus que 2024 est également l'année des Jeux olympiques de Paris dont le succès ou l'échec pèsera lourd sur le climat du moment. Le test sera théâtral. Si les JO se passent bien, si les gigantesques travaux qu'ils exigent sont terminés à temps, si la sécurité des athlètes et des foules immenses qui auront la chance de les applaudir est bien assurée, si l'accès aux stades se déroule dans le calme... et si les champions français arrachent assez de médailles, le climat général s'en ressentira positivement. Il y aura au moins un répit, un temps de plaisir et de fierté. Un souvenir heureux. Les prétendants relevant de la majorité auront alors le vent dans le dos. Dans le cas contraire, si les élections européennes sont cruelles, si les JO se passent mal, ils devront se lancer vent de face.

En attendant, sur l'ensemble de l'échiquier politique, les uns se préparent en silence, les autres plantent des jalons ou laissent filtrer leurs intentions. L'idée reçue est que la fin du deuxième quinquennat d'Emmanuel Macron sonnera nécessairement la fin du macronisme. Les choses sont moins simples. Certes, il n'y a pas de macronisme enraciné dans la société comme le furent sous la Ve République le gaullisme ou le mitterrandisme, à un moindre degré le giscardisme ou le sarkozysme. Le macronisme est une sensibilité plus qu'une famille, un statut socio-culturel plus qu'un engagement, une idéologie plus qu'une doctrine, une sympathie plus qu'une ferveur. Il n'en rassemble pas moins un tiers de l'électorat, privilégié par sa position centrale, la plus apte au rassemblement. De surcroît, la tripartition

Après Macron, qui ?

actuelle de la scène politique, avec une NUPES divisée et un Rassemblement national toujours surveillé avec suspicion, laisse un espace aux héritiers d'Emmanuel Macron.

Certains trompettent le grand retour du clivage gauche/droite. En fait, il n'en est rien pour le moment, ni politiquement ni sociologiquement. Il y a d'un côté une gauche radicalisée qui tangue, de l'autre une droite extrémisée qui se renforce mais entre les deux un centre plus ample que jamais sous la Ve République, plus puissant par exemple que ne l'a jamais été l'UDF de Valéry Giscard d'Estaing, le plus centriste des présidents jusqu'à Emmanuel Macron. Un centre dont le ou les candidats auront une vocation à rassembler plus naturelle que celle des champions de la NUPES ou du Rassemblement national. Au premier tour, la gauche radicale, le centre résilient et la droite extrémisée ont tous une aptitude à mobiliser, plus ou moins aisément selon les circonstances. Au second tour, le candidat du centre rassemble plus facilement, s'il parvient jusque-là, sauf s'il affronte une période de fort rejet du pouvoir.

C'est là où la position d'Emmanuel Macron jouera jusqu'au bout un rôle décisif. On affirme souvent que, comme François Mitterrand ou Jacques Chirac durant leur second mandat, son pouvoir diminuera inévitablement au fur et à mesure que l'on s'approchera de la fin de son deuxième quinquennat. Son pouvoir, oui, son influence peut-être ou peut-être pas. Après 2024, il se peut que sa majorité relative se fissure ou même se débande et que les circonstances l'affaiblissent.

Le Prince balafré

Le président des crises, voulant réformer jusqu'au bout, peut devoir affronter des tempêtes venues de l'extérieur ou bien être obligé de faire face à des oppositions politiques, syndicales ou catégorielles renforcées au sein de l'Hexagone. Rien de tout cela ne peut être exclu, d'autant plus qu'on sait bien qu'Emmanuel Macron déclenche des bourrasques comme personne. Cela n'amoindrira pas son influence, positive ou négative, sur le scrutin de 2027, selon qu'il sera alors populaire ou impopulaire, respecté ou rejeté, habile ou maladroit. Il peut nuire à son camp ou le fortifier, faciliter ou compliquer la ou les candidatures centristes.

La partie s'annonce donc largement ouverte. S'il est bien trop tôt pour dresser la liste des candidats – dans ce domaine, les prédictions se retournent généralement contre leurs auteurs –, il est possible de passer en revue ceux et celles qui aujourd'hui, pour l'instant, sont susceptibles de nourrir des ambitions. D'autres noms apparaîtront inévitablement au fil des trimestres, certaines figures s'effaceront. Un état des lieux peut cependant se tenter, sachant qu'il décrit une situation qui évoluera mais dont il n'est pas inutile de dessiner le point de départ.

Marine Le Pen, battue pour la troisième fois à l'élection présidentielle (mais avec des scores de plus en plus serrés), avait semblé hésiter à poursuivre le combat après avoir perdu de nouveau son duel avec Emmanuel Macron. Son spleen n'a pas duré longtemps. La voici derechef pleinement engagée dans une lutte dont de plus en plus d'observateurs, d'experts mais aussi

Après Macron, qui ?

d'adversaires de l'ex-président du Rassemblement national (qu'elle a confié à son jeune lieutenant Jordan Bardella) considèrent que cette fois-ci elle pourrait bien l'emporter. Ce n'est qu'une évaluation provisoire, à quatre ans du vote, mais c'est une première. Ce qui était invraisemblable en 2012, insupportable en 2017, imaginable en 2022, paraît presque logique à bien des élus, bien des électeurs et bien des commentateurs. Dans toute l'histoire de la République, jamais une figure d'extrême droite n'avait occupé position électorale aussi favorable.

Il est vrai que Marine Le Pen s'y prend cette fois-ci plus intelligemment qu'auparavant et plus professionnellement. En 2012, pour sa première candidature à l'élection présidentielle, Marine Le Pen est encore idéologiquement la fille de son père, malgré déjà quelques divergences. Son extrême droite reste avant tout archaïque et identitaire, ce qui ne l'empêche d'ailleurs pas de battre les records de voix de cette famille politique (17,9 % des suffrages). En 2015, les désaccords s'intensifient, Jean-Marie Le Pen multiplie les provocations, elle ose l'exclure du parti qu'il a fondé et dont elle a hérité. Elle tue alors le père métaphoriquement et, durant la campagne présidentielle de 2017, affirme une ligne de plus en plus souverainiste et populiste. Elle mène le combat contre l'Europe, contre l'euro, contre l'OTAN, contre la mondialisation, contre l'économie de marché mais encore, mais aussi, mais surtout contre l'immigration et contre l'insécurité. Sa démagogie évidente ne l'empêche pas de réaliser un excellent score

(21,3 % des suffrages) et lui permet même de battre de nouveau les records de voix de l'extrême droite. Cette fois, elle se qualifie même pour le second tour, comme son père quinze ans auparavant.

Son naufrage spectaculaire lors du débat télévisé qui l'oppose à Emmanuel Macron l'empêche cependant d'en tirer quelque satisfaction que ce soit. Même si elle réunit 33 % des voix au second tour (contre 17,8 % pour Jean-Marie Le Pen en 2002), elle est à la fois terrassée et humiliée. Elle accuse lourdement le coup, mais a le caractère d'en tirer les conséquences. Marine Le Pen s'engage alors dans une campagne méthodique et minutieuse de dédiabolisation. Elle s'impose à la fois comme le principal adversaire du président Macron (elle devance d'un souffle sa liste aux élections européennes de 2019) et comme l'incarnation d'un national-populisme sur le mode hongrois ou polonais. Elle poursuit les attaques frontales, ne s'interdit aucun débordement racoleur, use et abuse de la démagogie, mais elle veille à éviter les faux pas boomerangs, les outrances insupportables dont se délectait son père. Elle veut apparaître populiste mais républicaine, souverainiste mais acceptant de jouer maintenant le jeu des institutions européennes. Son ambition : être offensive mais respectable, brutale pour marquer mais en se gardant bien de défier les règles républicaines. Sur le chemin de crête d'une extrême droite scrupuleusement légaliste.

C'est ce qui lui permet d'aborder en tête, première en lice, première dans les sondages, la campagne

Après Macron, qui ?

présidentielle de 2022, puis de se qualifier à nouveau pour le second tour et, bien que largement dominée une fois de plus par Emmanuel Macron lors du duel télévisé (de façon cependant moins caricaturale), de parvenir à rassembler 41,5 % des voix au second tour puis, divine surprise, de faire entrer 89 députés à l'Assemblée nationale et d'y former le premier groupe d'opposition. Durant le premier mandat d'Emmanuel Macron, elle a su se dédiaboliser, sous son deuxième mandat elle veut se respectabiliser et même s'institutionnaliser.

La majorité relative s'y prête particulièrement bien. Marine Le Pen s'installe avec délectation – la modestie n'est pas son fort – dans les habits tout neufs de la présidente d'un groupe parlementaire puissant. Elle qui s'était fait remarquer par son abstentionnisme chronique au conseil régional du Nord-Pas-de-Calais, au Parlement européen, enfin à l'Assemblée nationale où faute de troupes, elle avait dû siéger parmi les non-inscrits, la voici à la tête d'une cohorte médiocre mais nombreuse, au sein de laquelle s'impose néanmoins une demi-douzaine d'élus. Elle la mène d'une main de fer, imposant cravate et costume, assiduité et discipline, comme aucun autre groupe n'y parvient. À la conférence des présidents, sa courtoisie délibérée tranche avec la brutalité agressive de Mathilde Panot, son homologue Insoumise. Marine Le Pen est prête à tous les efforts pour parvenir à conquérir l'Élysée. Cette fois-ci, elle y croit vraiment. Lorsque Emmanuel Macron disposait d'une majorité absolue à l'Assemblée nationale, elle snobait le Palais-Bourbon. Maintenant qu'il ne subsiste plus qu'une majorité relative, elle joue pleinement le jeu parlementaire, d'ailleurs avec adresse, apostrophant le gouvernement, ferraillant avec la gauche, harcelant Les Républicains. Comme le principal leader d'une opposition éclatée.

Bien entendu, elle avance masquée. D'ailleurs, nul besoin de gratter profondément pour retrouver son national-populisme sous la pellicule parlementaire. À peine le débat porte-t-il sur l'immigration ou l'insécurité qu'elle se rue à l'attaque avec délectation. À peine parle-t-on budget ou Sécurité sociale qu'elle enchaîne des propositions aussi ruineuses qu'inapplicables. À peine Vladimir Poutine envahit-il l'Ukraine qu'elle laisse percer son habituelle mansuétude, pour ne pas dire sa fascination envers le maître du Kremlin. À peine se produit-il le moindre fait divers qu'elle monte à l'assaut du gouvernement, porte-drapeau auto-proclamé des indignés. Toujours prompte, toujours sommaire, toujours théâtrale. Derrière la respectable présidente d'un groupe parlementaire nombreux que des Français ont librement choisi resurgit la bruyante thématique du populisme souverainiste.

Il y a Marine Le Pen à la ville, redoutable manœuvrière au Palais-Bourbon et Marine Le Pen aux champs, épigone de l'Italienne Giorgia Meloni à Rome, du Hongrois Viktor Orbán à Budapest, du Polonais Mateusz Morawiecki. Elle est la cousine française des trois démocraties illibérales qui flattent tous les poujadismes, frondent sans vergogne les valeurs européennes, bousculent ouvertement l'État de droit, malmenant les juges,

Après Macron, qui ?

bâillonnant la presse, poursuivant les intellectuels, persécutant les minorités, maltraitant les immigrés. S'il fallait s'en convaincre, il suffit de lire régulièrement les tweets de Marine Le Pen ou de recenser les votes de ses députés européens. Le constat est clair, elle est des leurs et elle aspire à devenir leur homologue à Paris. Pour la première fois, bien des dirigeants politiques et bien des Français l'en croient capable. À en croire les sondages, elle fait maintenant moins peur qu'auparavant, preuve que l'inflexion de sa ligne et l'évolution de son style ont bien atteint leur but. Il est vrai que la majorité des Français considère en revanche toujours qu'elle ne possède pas l'envergure présidentielle et qu'elle n'a pas les qualités d'une femme d'État.

Il est bien trop tôt pour en faire la favorite d'une élection encore lointaine. Il est bien trop tard pour continuer à regarder sa victoire comme une hypothèse improbable. Marine Le Pen n'a jamais été aussi redoutable. Elle a installé Jordan Bardella, 28 ans, à la tête du Rassemblement national où il fera un régent efficace, professionnel, bien préparé, combattif, toujours tiré à quatre épingles, propos agressifs prononcés sur un ton raisonnable, symbole d'un parti maintenant profondément enraciné. Beaucoup trop jeune pour ressembler à un rival, assez juvénile pour incarner après Jean-Marie Le Pen, après Marine Le Pen, la troisième génération de l'extrême droite sous la Ve République. Un choix avisé : ce n'est pas le réalisme qui manque à Marine Le Pen, c'est le goût et le sens de la démocratie libérale et c'est la culture de gouvernement. Ou le niveau.

Le Prince balafré

Jean-Luc Mélenchon est évidemment fait d'une tout autre étoffe. Il est l'homme de tous les contrastes et même de tous les contraires, avec des qualités éclatantes et des défauts homériques. Il est incontestablement le meilleur orateur politique, le seul véritable tribun actuel, avec une faculté d'improvisation unique, un vocabulaire inépuisable et pittoresque, et sa façon d'apostropher son public dans la grande tradition jauressienne. Marine Le Pen est éloquente dans un style guerrier, mais lui la surplombe d'une toise. Malheureusement, son tempérament colérique, parfois cataclysmique, lui fait commettre des écarts et même des dérapages célèbres comme le trop fameux « La République, c'est moi » ou bien quand il dénonce « les policiers factieux » ou encore, lorsqu'il revendique « le bruit et la fureur ». Il peut galvaniser les foules mais il peut aussi jeter dans l'embarras jusqu'à ses plus fidèles. Marine Le Pen se garde de pareilles écornures. Il est bien plus cultivé qu'elle, elle est bien mieux contrôlée que lui.

Et puis, elle l'a distancé par deux fois d'un souffle quand il croyait toucher au but, au Graal même, la qualification pour le second tour de l'élection présidentielle, pour aussi ce duel télévisé où il était sûr d'enflammer sinon de convaincre. En 2017, bien qu'il ait réussi la meilleure fin de campagne, elle l'a devancé de très peu (21,3 % contre 19,6 %). En 2022, bien qu'il ait balayé le reste de la gauche et réussi un beau sprint final, elle s'est imposée derechef sur le fil avec 23,15 % contre 21,95 %, 1,20 point seulement de différence. Rageant.

Après Macron, qui ?

Il avait embrasé les foules mais affolé bien des milieux, elle n'avait pas dévié d'un pouce de sa ligne réaliste. La ruse de nouveau plus efficace que le flamboiement.

Le leader des Insoumis, loin d'accepter sa défaite, lance alors une manœuvre aussi audacieuse qu'inopinée. Il propose, il impose une bannière unique à la gauche éparpillée et marginalisée. C'est la naissance de la NUPES, au forceps. Il invente le mot d'ordre le plus hardi qu'on ait jamais vu pour des élections législatives dans le sillage de la présidentielle « Mélenchon à Matignon ». C'est improbable, provocateur mais, la non-campagne macronienne aidant, cela fonctionne. Il ne se place évidemment pas en position de revendiquer Matignon mais la gauche, Insoumis en tête, loin de s'effondrer, remporte 150 sièges, beaucoup mieux qu'en 2017. C'est à Jean-Luc Mélenchon qu'elle le doit. Sa bravade a fonctionné. Seule ombre à ce coup de dé, Marine Le Pen arrache le premier groupe d'opposition à l'Assemblée nationale. Le fondateur des Insoumis et de la NUPES pourrait cependant espérer jouer un rôle majeur dans l'après-Macron. Il n'en prend pas le chemin.

Il y a d'abord la question de son âge. Il a tout juste 72 ans, il en aura donc presque 76 au moment de la prochaine élection présidentielle. Il a déjà renoncé à son siège à l'Assemblée nationale, alors que Marseille l'attendait de nouveau à bras ouverts. Depuis, les nouvelles ne sont pas bonnes. Au Palais-Bourbon, son groupe se caricature, accumule les incidents et se laisse régulièrement piéger par Marine Le Pen. La NUPES, peut-être parce qu'il ne siège plus à l'Assemblée, est nettement moins solidaire qu'il ne le voudrait. Les Insoumis mènent en permanence l'offensive à outrance, il les encourage mais ses partenaires ne suivent pas toujours, suivent même de moins en moins. En l'absence du maître, ils ne votent pas comme à l'exercice. Certains s'abstiennent, d'autres s'absentent et les groupes du PC, du PS et des Verts regimbent, même si les rangs se sont resserrés le temps de la bataille des retraites. Sa polémique avec le Crif (Conseil représentatif des institutions juives de France) a choqué ses alliés et troublé certains Insoumis, même si elle renforce son implantation dans l'électorat musulman.

Pire : contrairement à ce qu'il voulait, il n'y aura pas de liste unique pour les élections européennes. Les écologistes ont déjà annoncé qu'ils se présenteraient sous leurs propres couleurs. Socialistes et communistes sont tentés par des listes autonomes, Fabien Roussel ne renonçant pas à compter les forces du PC et les socialistes se divisant face à l'hégémonie des Insoumis, comme l'a montré leur malheureux congrès de janvier 2023.

Si Jean-Luc Mélenchon prend du champ, son œuvre politique sera en grand danger. Il a, à plusieurs reprises, écarté la perspective d'une quatrième candidature « sauf circonstances exceptionnelles ». Il a sincèrement l'envie du recul, la tentation d'écrire, de voyager, de demeurer une autorité morale ou de préférence une icône sans s'investir dans la vie politique quotidienne. Il est vrai qu'en revanche, on l'imagine mal

Après Macron, qui ?

rester simple spectateur si la NUPES menace d'éclater et si les Insoumis s'isolent dans leur guérilla parlementaire. Par ailleurs, il n'a pas renoncé à l'idée d'une motion de censure victorieuse (peut-être accidentelle) suivie d'une dissolution et d'élections anticipées. Il en rêvait tout haut au lendemain des élections législatives. Il s'est repris à l'espérer durant le long affrontement qu'a provoqué la réforme des retraites. L'unité syndicale le réjouissait, l'unité de la gauche le rassurait et il a tout fait pour être l'aiguillon de la résistance, irritant néanmoins les syndicats qui n'entendent pas lui abandonner les rênes. L'espoir d'une dissolution le maintient cependant en activité.

Il n'est pourtant pas en position de force. D'abord et avant tout parce qu'au vu de la première année de la nouvelle législature, c'est Marine Le Pen qui tire son épingle du jeu. Offensive lorsqu'elle s'exprime, agile dans l'utilisation du règlement de l'Assemblée, correcte sinon courtoise dans son rôle institutionnel, elle améliore son image parce qu'elle dissimule son programme. Sa prudence durant la crise de la réforme des retraites la respectabilise. Une dissolution risquerait fort de la renforcer.

Ce n'est pas la seule difficulté pour Jean-Luc Mélenchon. Deux affaires très embarrassantes l'ont affaibli tant au sein des Insoumis que dans l'opinion. La première concerne Adrien Quatennens, son dauphin présumé, mis en cause et condamné à une peine symbolique pour une gifle assénée à son épouse en pleine procédure de divorce. L'affaire, très médiatisée, a déstabilisé les Insoumis qui se targuent d'être féministes. Quatennens a d'abord honnêtement reconnu ses torts mais s'est ensuite expliqué avec une maladresse qui l'a rendu encore plus coupable aux yeux des féministes. Son parti lui a infligé une suspension de quatre mois, mais Jean-Luc Mélenchon l'a défendu si ostensiblement à chaque étape qu'il s'est installé lui-même comme une cible pour le puissant courant féministe. Chez les jeunes qui l'admiraient souvent, c'est une déconvenue.

L'autre affaire concerne le cœur politique même des Insoumis. Jean-Luc Mélenchon, ayant décidé souverainement de remplacer comme numéro deux du parti Quatennens par son directeur de campagne et héritier de son siège à Marseille Manuel Bompard, a dans la foulée complètement renouvelé la direction des Insoumis. Il en a écarté brutalement sa vieille garde – Alexis Corbière, Éric Coquerel, Raquel Garrido – ainsi que les trop autonomes François Ruffin et Clémentine Autain. Il les a remplacés par une escouade de trentenaires à sa dévotion. Les exclus ont aussitôt bruyamment protesté. Jean-Luc Mélenchon est ainsi apparu en souverain absolu, lui qui ne se lasse pas de mettre en cause la « dérive autoritaire » et le « comportement monarchique » d'Emmanuel Macron. Là encore, il s'est ainsi offert aux flèches de ses adversaires et à la vindicte de ses ex-lieutenants. Rien de tout cela ne le pousse vers une quatrième candidature. C'est peut-être dommage compte tenu de son talent baroque, c'est logique puisque après avoir accompli des prouesses, il a commis

Après Macron, qui ?

des erreurs. Rien n'est certes joué chez celui qui n'a abandonné ni l'idée de changer de société ni le goût des chevauchées électorales épiques. Sauf crise politique majeure à court terme, il paraît cependant moins motivé et moins légitime pour une ultime tentative.

Autour de lui, les appétits affleurent, déjà nombreux. Peut-être essaiera-t-il de pousser une candidature de Manuel Bompard s'il renonce. Celui-ci est un spécialiste reconnu des campagnes présidentielles. Il est intelligent, méthodique, très actif, énergique jusqu'à la brutalité. C'est un spécialiste de la langue de bois, sur un registre très cassant. Même s'il avait l'onction de Jean-Luc Mélenchon, il aurait beaucoup de blessures à refermer et de rivaux bien décidés à lui disputer l'investiture. Clémentine Autain, une figure du féminisme, romancière à ses heures, toujours disponible pour les plateaux de télévision ou les studios de radio où elle se montre d'ailleurs à l'aise, offensive et bien préparée, brûle d'envie de tenter sa chance. Elle est ambitieuse, c'est un électron libre, à la croisée des Insoumis, de l'écologie, du féminisme bien sûr. De gauche radicale mais en franc-tireur. Elle manque cependant cruellement de troupes.

Alexis Corbière, le compagnon historique de Jean-Luc Mélenchon, membre du premier cercle depuis au moins un quart de siècle, est un orateur de choc, un débatteur de combat, un gladiateur même. À l'Assemblée nationale, ses rugissements surgissent du groupe des Insoumis. C'est un révolutionnaire passionné. Ses deux grands hommes sont Robespierre et... Mélenchon.

Le Prince balafré

Il est donc tombé de très haut lorsqu'avec sa compagne, la véhémente et éloquente Raquel Garrido, et son compère Éric Coquerel, président inattendu de la commission des finances, il s'est vu subitement écarté. Sa connaissance des Montagnards aurait pourtant dû le préparer à une rupture fracassante. Peut-être avait-il trop fait comprendre qu'il ne se sentait pas indigne de rêver à une candidature.

François Ruffin y songe, avec beaucoup plus de vraisemblance, lui aussi. Il est, juste derrière Jean-Luc Mélenchon, le plus connu des Insoumis. Insoumis, il l'est de toutes ses forces, y compris vis-à-vis de Jean-Luc Mélenchon. Il l'est totalement, vomissant la société libérale, abhorrant la mondialisation, rejetant l'Europe, méprisant les médias – qui bien entendu l'adulent –, traitant les milliardaires en repris de justice, n'hésitant jamais à se démarquer de ses propres amis qui l'admirent autant qu'ils se méfient de lui. Il est foncièrement un solitaire, un révolté. Il est intrépide, provocateur, éloquent sans daigner être un orateur. Il ose tout parce qu'il rejette tout. Il a fondé dans sa Picardie un petit journal, *Fakir*, insolent, rebelle, qui lui ressemble. Il est bouleversé par la vie des plus déshérités qu'il sait raconter et faire parler comme personne. C'est son côté le plus sympathique.

Le moins attirant est la charge de violence qu'il porte contre le reste du monde. Il aime le peuple malheureux, détaillant sa compassion sincère dans d'innombrables livres écrits dans la colère et rougissant d'indignation. Il rejette le reste de l'humanité. Le brasier perpétuel

Après Macron, qui ?

qu'il porte en lui, parfois suspendu par une vague de mélancolie, le porte à tous les excès, à toutes les provocations. Ses amis l'applaudissent en se signant. Comme il sillonne le terrain plus que les autres, il comprend ce que ses camarades voient moins bien ou plus tard : qu'à côté des « quartiers » populaires il y a aussi une France périphérique, isolée, malheureuse et que les sentiments des déclassés, même lorsqu'ils cousinent avec le Rassemblement national, doivent s'écouter. Il choque, il surprend, mais il fait bouger les autres. Cette année, il a fait beaucoup sourire en se proclamant soudain social-démocrate. Assurément pas au sens de Léon Blum, de François Mitterrand ou de Michel Rocard. Plutôt contre eux. Cela prouve qu'il a conscience que pour tenter de vaincre, il faut sans cesse se remettre en question. Pourra-t-il porter ses idées et ses révoltes à la présidentielle ? Beaucoup le croient et presque autant le craignent. En tous cas, il travaille méthodiquement ses points faibles, sillonne les quartiers populaires et n'oublie pas les bourgs déshérités. Jean-Luc Mélenchon l'a à moitié adoubé. Pour le mettre sur les rails ou pour en faire une cible ? Mystère.

Du côté de la majorité, le risque n'est pas le vide mais le trop-plein. Les prétendants abondent et, déjà, saturent l'espace du centre gauche et du centre droit. Surtout celui du centre droit. Bien entendu, les vocations ne manquent pas à l'aile gauche de la majorité. Deux noms se détachent : Gabriel Attal et Clément Beaune.

Le premier, député des Hauts-de-Seine à 28 ans, secrétaire d'État à 29 ans, ministre à 34 ans, est incontestablement le plus brillant, en voie de devenir une vedette du macronisme. Après plusieurs années au cabinet de Marisol Touraine, ministre des Affaires sociales sous François Hollande, il a sauté à pieds joints dans La République en Marche où son brio et son appétit l'ont tout de suite fait remarquer. Il s'est imposé en juvénile porte-parole du gouvernement, incisif, réactif, audacieux. Chargé du Budget, marchepied classique pour les espoirs d'un gouvernement, il apprend vite la difficile grammaire des comptes publics et le démontre avec une aisance juvénile. Ministre de l'Éducation nationale, un poste aussi en vue que périlleux, il aura l'occasion de prouver ce qu'il vaut. Il a autant d'ambition que de pugnacité, déjà des ennemis et déjà des rivaux. C'est un homme pressé et un politique-né. Il aura 38 ans en 2027, presque l'âge d'Emmanuel Macron quand celui-ci a franchi les portes du palais de l'Élysée. Pas encore cependant la taille et le poids des maréchaux du macronisme.

C'est aussi le cas du deuxième homme, Clément Beaune. Celui-ci, 42 ans tout juste, n'a pas moins d'ambition que son cadet dont il est notoirement le rival. Une solide formation – Sciences Po, ENA, Collège européen de Bruges –, haut fonctionnaire, conseiller au cabinet du Premier ministre socialiste Jean-Marc Ayrault, puis du jeune ministre de l'Économie Emmanuel Macron, suivant celui-ci au palais de l'Élysée où il se fait connaître comme un redoutable spécialiste des affaires européennes. Il devient donc directement secrétaire d'État aux Affaires européennes à 39 ans,

Après Macron, qui ?

pugnace et actif, avant même tout mandat électif. Son fait d'armes consiste à arracher une circonscription de gauche à Paris aux élections législatives de 2022, une prouesse unique, alors que le macronisme reflue, face à une candidate enfiévrée de la NUPES. Promu ministre délégué aux Transports, dynamique et très présent, notamment durant la crise des retraites, il proclame en toute occasion, plus que les autres, sa sensibilité de gauche. Il maîtrise ses dossiers et affiche son dynamisme. On devine qu'il scrute d'autres cimes.

La route est cependant embouteillée et les mieux placés jusqu'ici ne viennent pas de la gauche. Restent donc principalement, pour l'instant au moins, les quatre maréchaux du macronisme, des maréchaux fort émancipés, plutôt Bernadotte que Berthier ; par ordre soigneusement alphabétique : François Bayrou, Gérald Darmanin, Bruno Le Maire et Édouard Philippe. Le premier est le symbole même du centrisme, les trois autres viennent de chez Les Républicains. Tous pèsent dans l'univers de la macronie, tous revendiquent leur autonomie.

François Bayrou le proclame et surtout le démontre. Le Béarnais a aujourd'hui 72 ans, il en aura 76 en 2027. Il est donc largement le doyen du quatuor. Son âge ne le décourage pas le moins du monde et, faisant référence à Joe Biden, il proclamerait volontiers que ce qui est bon pour les États-Unis peut être bon pour la France. En tout cas, il ne perd pas une occasion de faire savoir qu'il n'exclut rien. D'ailleurs, cela a toujours été sa ligne de conduite : l'indépendance. Il a déjà été candidat à l'élection présidentielle en 2002 (6,84 % des votants), en 2007 (18,57 %), ne passant pas loin à un moment de la qualification pour le second tour, puis en 2012 (9,13 %), enfin en 2017 son ralliement a sans doute assuré la qualification d'Emmanuel Macron. Il est donc ce que l'on peut appeler un vétéran. Il est aussi l'archétype de l'homme politique français ; dix-neuf ans député, quatre ans ministre de l'Éducation nationale et aussi président du conseil général des Pyrénées-Atlantiques, conseiller régional d'Aquitaine, maire de Pau, député européen, président du Mouvement démocrate, personne ne porte autant de chevrons sur sa manche gauche.

Excellent orateur, capable de renverser la majorité d'un congrès, débatteur pugnace, interviewé redoutable (il n'a pas son pareil pour désarçonner ceux qui l'interrogent), tacticien madré, cet agrégé de lettres classiques, fils de paysans modestes, ne s'en laisse pas conter. Garde des Sceaux éphémère d'Emmanuel Macron, vite écarté par une affaire obscure touchant le MoDem, il rêvait d'être le Premier ministre du second quinquennat et n'a pas été aimable pour Élisabeth Borne quand elle a obtenu la place, car il peut être teigneux. Auteur de bons livres, il n'abandonne jamais. Après un président si jeune et si svelte, les Français voudraient-ils d'un président plus âgé et plus rond ? Il l'espère sans doute mais on l'imagine davantage en renfort décisif d'un des trois autres maréchaux.

Bruno Le Maire est également agrégé de l'Université (lettres modernes) et auteur lui aussi de bons livres. Chacun le sait, en France, un aspirant homme d'État doit publier des livres et, quand il en est capable, les écrire. C'est son cas. Il est vrai qu'il est aussi normalien, énarque et ministre de profession. Il a été l'admiratif et efficace conseiller puis directeur de cabinet du théâtral Dominique de Villepin au ministère des Affaires étrangères, puis de l'Intérieur, enfin à l'hôtel de Matignon. Une bonne formation. Il a été élu trois fois député de l'Eure, sous les couleurs de l'UMP, devenue Les Républicains, puis en 2017 de La République en Marche. Même s'il a l'allure typique de ces ministres énarques bien nés de la Ve République, il a donc aussi l'expérience du terrain. Il a été sous Nicolas Sarkozy successivement secrétaire d'État aux Affaires européennes, une autre sérieuse formation, puis ministre de l'Agriculture efficace, bien qu'on l'imagine mieux négociant à Bruxelles que claquant l'arrière-train d'une vache, à la Chirac. Depuis 2017, comme chacun sait, il est l'inamovible ministre de l'Économie et des Finances, à l'importance et aux attributions sans cesse élargies, le véritable numéro deux du gouvernement. À ce poste, il a traversé bien des tempêtes et fait preuve à la fois d'énergie, de calme et d'une autorité qu'il affiche de plus en plus.

Depuis 2017, il a moins servi sous trois Premiers ministres (Édouard Philippe, Jean Castex et Élisabeth Borne) qu'il n'a servi à leurs côtés. Il tient par-dessus tout à son autonomie et considère Emmanuel Macron comme son seul vrai interlocuteur. Il prend beaucoup d'initiatives, parfois rapidement, et sous ses allures d'impeccable premier de la classe, sait parfaitement manœuvrer pour se mettre en valeur dans les médias. Il a visiblement étudié de près les recettes de Valéry Giscard d'Estaing, lui aussi ministre des Finances lorgnant vers l'Élysée. D'ailleurs, on a bien noté qu'il est de plus en plus prompt à réagir et qu'il entend marquer l'opinion. Il veut à la fois incarner l'orthodoxie libérale et la rigueur mais aussi l'attention aux problèmes quotidiens des Français. Il met en scène son humanité mais sait taper sur la table. Dès qu'il y a conférence de presse solennelle avec chef du gouvernement et ministres, il veille à apparaître le plus à l'aise et le plus compétent. Ce qu'il est.

A priori, il attendra 2024, les élections européennes et les Jeux olympiques pour, ces obstacles passés, se déclarer explicitement. Il est vrai que durant ce temps, Édouard Philippe avance tranquillement mais Bruno Le Maire marquerait un point s'il parvenait à devenir le ministre des Finances et de l'Économie qui a jugulé l'inflation. C'est un pari. Il est vrai qu'il est d'ores et déjà classé par le monde politique comme un présidentiable, à l'instar d'Édouard Philippe mais contrairement à Gérald Darmanin... jusqu'à présent.

Le ministre de l'Intérieur est le contraire même de son collègue des Finances. On ne pourrait imaginer contraste plus frappant que celui qui oppose l'homme de Bercy et l'homme de la place Beauvau. Gérald Darmanin incarne la droite populaire, initialement dans le sillage de son ami Xavier Bertrand dont il fut le collaborateur principal, alors que Bruno Le Maire

Après Macron, qui ?

incarne la droite bourgeoise. Celui-ci est né à Neuilly-sur-Seine, celui-là à Valenciennes. Gérald Darmanin est un politique absolu qui a fait toute sa carrière dans les cabinets ministériels, à l'UMP, à l'Assemblée nationale, enfin au gouvernement. Il a commencé par le bas, Bruno Le Maire par le haut. Il est au départ un homme de parti, Bruno Le Maire un homme de gouvernement. Ils ont l'un comme l'autre de fortes personnalités, aussi dissemblables que possible.

Gérald Darmanin est un intuitif et un impulsif, un fonceur aussi. D'origine très modeste (son père tient un bar, sa mère est femme de ménage ou concierge, son grand-père catholique est né en Tunisie, son autre grand-père fut tirailleur algérien), il s'est construit lui-même sans perdre un instant avec une énergie et une efficacité impressionnantes. À l'UMP, devenue LR, ses amitiés se situent franchement à droite. Il s'affirme en devenant conseiller régional du Nord-Pas-de-Calais à 28 ans, député à 30 ans, maire de Tourcoing à 32 ans, ministre à 35 ans. Pour quelqu'un qui s'est imposé tout seul en partant du bas de l'échelle, la performance est remarquable. Il faut dire que Gérald Darmanin déploie une activité hors du commun et fait preuve d'un appétit insatiable. Il a le sens du contact et l'instinct populaire. Son audace est sans bornes, souvent aux limites de l'imprudence ou de l'impudence. Il prend ses risques, il les assume.

Ses déclarations à l'emporte-pièce sont célèbres, tantôt à son crédit, tantôt à son détriment. Durant les émeutes, il a marqué par son énergie et son omniprésence. Les deux accusations de viol auxquelles il a dû faire face se sont terminées par des décisions de justice à son avantage, mais les féministes continuent à le suspecter et l'écho inévitable des procès constitue un handicap. En revanche, comme ministre des Comptes publics, c'est-à-dire du Budget, il a réussi une véritable prouesse en parvenant à mettre en place le prélèvement à la source. Beaucoup, y compris au gouvernement et même un moment Emmanuel Macron lui-même, doutaient que ce fût possible. L'opération a véritablement été une réussite personnelle. Cela lui a valu une promotion au ministère de l'Intérieur dont il ne cachait pas – la timidité n'est pas son style – qu'il avait grande envie. Cela lui permet de tenter d'appliquer la méthode Sarkozy qui a mené celui-ci à la présidence de la République.

Il est donc constamment sur le terrain, dès que se produit un accident ou un fait divers. Il multiplie les déclarations, il cherche à incarner la loi et l'ordre, point faible de la macronie. Il parle haut, frappe fort, impressionne ou irrite. Il obtient des moyens en personnel et en équipement. Il a réussi à faire adopter une loi très ferme sur la sécurité et bataille avec plus de difficultés pour une loi sur l'immigration. Il a tout fait pour succéder comme Premier ministre à Jean Castex mais n'a pu empêcher Élisabeth Borne de devenir la cheffe du gouvernement. Il a de nouveau mené ouvertement campagne pour la remplacer en juillet 2023, à l'issue des « cent jours ». Il compte bien récidiver après les Jeux olympiques qui seront son quitte ou double. Il sait qu'Édouard Philippe et Bruno Le Maire ont de l'avance sur lui et considère qu'une promotion à l'hôtel de

Après Macron, qui ?

Matignon lui permettrait de rattraper son retard. Rien ne prouve que cela se produira. Au moins est-il prêt à tenter l'aventure. Ce n'est ni l'ardeur ni la confiance en soi qui lui manque. Peut-être la crédibilité. Darmanin rime avec malin.

Édouard Philippe est le quatrième des maréchaux mais en fait le premier, déjà le seul à mener campagne pour 2027, méthodiquement, sobrement et ouvertement. Il est pour l'instant, malgré l'extrême difficulté du moment et les tempêtes auxquelles doit faire face la majorité, l'homme politique le plus populaire de France, devant Marine Le Pen, Bruno Le Maire, Jean-Luc Mélenchon, à bonne distance d'Élisabeth Borne et de Gérald Darmanin ou de François Bayrou. Nommé Premier ministre à la surprise générale et à la sienne propre en particulier – il ne connaissait quasiment pas Emmanuel Macron –, il est resté à l'hôtel de Matignon plus de trois ans.

Il était auparavant un député discret, UMP devenu LR mais surtout le nouveau maire du Havre et le président de la Communauté d'agglomération havraise, un ancrage local qui lui tient beaucoup plus à cœur. Il y avait succédé à Antoine Rufenacht, un gaulliste résolu, influent féodal normand ayant ravi le grand port aux communistes qui le détenaient depuis la Libération. Édouard Philippe, sorti de l'ENA comme lui, avait été son dauphin. À peine remplacé au gouvernement par Jean Castex, il a de nouveau fait du Havre sa base et son bastion. Rien ne l'enchante plus que de le faire visiter à ses hôtes. L'ex-Premier ministre entend bien, contrairement à Emmanuel Macron, apparaître comme solidement implanté dans son fief et dans sa province. Il veut être l'homme de l'État mais aussi l'homme des territoires.

Car, bien entendu, ce qu'il vise, c'est la candidature à l'élection présidentielle. Il possède plusieurs atouts. À l'hôtel de Matignon, il s'est imposé sur-le-champ. Conseiller d'État, il connaît et il maîtrise la lourde machine publique. Fidèle soutien d'Alain Juppé, c'est lui aussi un gaulliste lucidement européen. Il a été directeur général de l'UMP, il sait donc comment fonctionne un parti. Il est d'ailleurs durant son séjour rue de Varennes bien reçu par le groupe macroniste au Palais-Bourbon. Il a été député, il est donc familier des règles de l'Assemblée nationale. Il a transité par le secteur privé, il ne découvre donc pas les réalités de l'étrange économie de marché française. Emmanuel Macron l'a choisi pour tout cela et aussi parce qu'il lui fallait, après son élection acquise au centre gauche, un chef de gouvernement issu du centre droit, « en même temps » oblige. De surcroît, plutôt un nouveau venu qu'un grand baron influent car il s'agissait pour le nouveau président d'attirer sur-le-champ à lui seul la lumière.

Le couple exécutif a donc fonctionné longtemps. Il a traversé de gros orages (affaire Benalla, réforme de la SNCF et du droit du travail, Gilets jaunes bien sûr, réforme des retraites, déjà, et par-dessus tout crise du Covid). Un record. Édouard Philippe a fait preuve de sang-froid et d'énergie. Parfois plus raide qu'intuitif, plus ferme que souple (les 80 km/h, la taxe carbone sur l'énergie qui le fait conspuer ou la réforme des retraites qui bloque net), mais il trouve en revanche le ton juste face à la pandémie du Covid. Modeste et décidé, humain. Cela plaît aux Français et agace donc le palais de l'Élysée où l'on ne veut pas qu'il s'attribue le beau rôle. Les relations se tendent, la fatigue s'installe après tant de traverses, chacun additionne les griefs contre l'autre. Emmanuel Macron décide donc de le remplacer par Jean Castex qui sera moins un rival. Depuis, leurs rapports s'assombrissent et se tendent. Ils s'aigrissent même, ce qui n'est pourtant l'intérêt d'aucun des deux.

Écarté, Édouard Philippe reprend immédiatement possession de sa mairie du Havre, laisse filtrer sa version de ces trois ans et s'installe comme une évidence dans son fauteuil de présidentiable. Il fonde son propre parti, Horizons, ce qui ne laisse aucun doute sur son objectif. Il se propose d'y réunir le plus possible de grands élus locaux du centre droit ou de droite modérée. Il écrit aussi avec son grand ami et proche collaborateur Gilles Boyer, avec qui il a déjà publié deux romans politiques et un essai, *Impressions et Lignes claires*, inspirés par son expérience à l'hôtel de Matignon, tranquillement critique. Il a aussi publié sous sa seule signature un livre plus personnel sur la littérature en 2017. Édouard Philippe écrit bien, aime cela, fait partager sa culture et son sens de l'humour. L'ex-Premier ministre prépare maintenant un livre de réflexions politiques qu'il publiera dès l'automne. D'ici là, il sillonne la France, discrètement et patiemment, laisse transpirer quelques piques contre Emmanuel Macron dont l'entourage ne le ménage pas, le président manifestant plus d'agacement que d'empathie vis-à-vis de son ex-Premier ministre. Néanmoins, il soutient clairement la réforme des retraites, bien qu'il l'eût souhaitée plus ambitieuse. Toujours plus ferme qu'accommodant.

Ses adversaires et ses rivaux se réjouissent qu'il soit frappé par une maladie rare, vénielle, indolore, non contagieuse mais très visible, l'alopécie. Elle entame sa célèbre barbe noire et blanche, dégarnit son front et ses sourcils. Il n'en conserve pas moins belle allure avec son mètre quatre-vingt-dix, sa silhouette de sportif, son regard vif et son air animé. L'alopécie ajoute toutefois l'ombre d'une épreuve, ce qui ne déplaît pas forcément aux Français mais peut inquiéter.

Hormis ce quatuor, déjà un trop-plein face aux concurrents et surtout face à la concurrente, d'autres noms ne peuvent pas être écartés, comme ses deux successeurs à Matignon, Jean Castex et Élisabeth Borne, mais plutôt Jean Castex qu'Élisabeth Borne. Le premier, énergique, compétent, pragmatique, chaleureux et humain, a toujours su être à l'écoute des citoyens et des élus. Il a une autorité naturelle. Il reste populaire et fait du bon travail à la RATP, en sage qui peut faire un recours. Il suit discrètement mais de près la vie politique et l'Élysée en dit grand bien. Il ne prend pas de position publique, il ne se met pas sur les rangs mais il a le profil typique d'un atout de réserve, si personne ne s'impose et que des encouragements se manifestent. La seconde, tout aussi énergique et compétente, également ouverte au dialogue dans un style moins bon enfant, travailleuse acharnée, a dû, à peine nommée, affronter les bourrasques et les orages de la réforme des retraites. Elle a fait face avec détermination, toujours très contrôlée, moins débonnaire que Jean Castex et desservie par un ton de professeur de mathématiques qu'elle perd en privé. On ne la sent pas sur le chemin de l'Élysée mais elle ne dépare pas à la rue de Varenne.

Certains murmurent aussi le nom de Yaël Braun-Pivet, la présidente de l'Assemblée nationale, une personnalité intéressante, libre, cordiale, décidée et qui, globalement, réussit bien dans ses délicates fonctions malgré les pièges de la présidence relative. Jusqu'ici, les quatre maréchaux occupent néanmoins la scène.

Du côté des Républicains, les prétendants ne manquent pas. Si Éric Ciotti, le nouveau président LR, assure qu'il n'est pas dans la course et n'envisage pas d'être candidat, malgré ses qualités de débatteur, son opiniâtreté et sa popularité au sein de la droite profonde, celle de la loi et l'ordre, il proclame se placer au service de Laurent Wauquiez dans l'intention de l'installer au palais de l'Élysée. Il aurait même aimé le convaincre de se déclarer officiellement dès 2023. Le puissant président de la région Auvergne-Rhône-Alpes n'est pas de cet avis et préfère que les élections européennes de 2024 soient passées. Il craint qu'elles ne s'avèrent cruelles pour le parti et n'a aucune intention de prendre la tête de liste. Il n'a pas la vocation sacrificielle et n'aime pas courir de risques inutiles. En 2019, déjà, il a préféré laisser François-Xavier Bellamy s'exposer. En 2022, il n'a pas voulu se présenter à l'élection présidentielle qu'il jugeait perdue à l'avance. La même année, il a refusé la présidence de LR qui lui était littéralement offerte sur un plateau. Cette année, en pleine bataille des retraites, il a gardé un silence qui a fini par devenir assourdissant. Il n'est pas téméraire. Plutôt Koutouzov que Murat ou Ney.

En revanche, il est brillant, lucide et très organisé. Normalien, premier à l'agrégation d'histoire, major au concours de l'ENA, qui dit mieux ? Avec ce bagage, son appétit et sa méthode, implacable et sans état d'âme, rien d'étonnant à ce qu'il ait été député à 28 ans, ministre à 32, président de région et fugitif président de LR à 41 ans. Il ne marche pas, il court. Mais silencieusement. Il a commis une grosse bévue (une conférence débridée et provocatrice dévoilée par un enregistrement pirate) et il en a sagement profité pour se mettre en retrait et asseoir solidement son pouvoir dans sa région, se ménager ainsi une base de départ ou un lieu de repli avant de se lancer dans l'aventure présidentielle.

De fait, il règne désormais sur sa région, autocratique, partisan mais très efficace. Majestueusement adoubé par les urnes, disposant d'une petite armée d'élus locaux et même d'une escouade de députés LR, quasiment tous sous sa bannière. Impressionnant. C'est lui qui incarne désormais la droite de gouvernement. Une droite dure, dure aux assistés, dure aux immigrés, une droite souverainiste (jadis, il fut européen), une droite

Après Macron, qui ?

qui a l'ambition légitime de se frayer un chemin entre les émancipés du macronisme et le Rassemblement national. Celui qui est le mieux placé pour la représenter est-il sincère ? L'opportunisme ne lui fait pas peur. On n'a pas oublié qu'il s'est affiché portant le gilet jaune. Il a beaucoup changé de certitudes. Il est déterminé et implacable. En route. Mais à son rythme.

Qui peut donc dans sa famille lui disputer l'investiture programmée ? Valérie Pécresse n'est plus en état de le faire. Xavier Bertrand en brûle, en revanche, d'envie. Le président de la région des Hauts-de-France, gaulliste social proclamé, n'est pas du genre à renoncer. Politique jusqu'au bout des ongles, entré dans la carrière à 22 ans comme assistant parlementaire, cet ancien agent général d'assurances ne l'a pas quittée d'un pouce. Fort plébéien comparé au chevau-léger Wauquiez, il est toujours resté fidèle à son département de l'Aisne. Il a été maire de Saint-Quentin, conseiller général de l'Aisne, conseiller régional du Nord-Pas-de-Calais – désormais Hauts-de-France –, puis donc président de la région. Il a aussi franchi les échelons du mouvement gaulliste au sein du RPR devenu UMP, jusqu'à en être brièvement secrétaire général. Il a encore été porte-parole de Nicolas Sarkozy durant la campagne présidentielle victorieuse de 2007. Il a surtout siégé au gouvernement huit ans de suite sans discontinuité, ce qui est rarissime, toujours dans le même secteur : santé, travail, famille, solidarité. C'est ce que l'on appelle un homme de poids, d'autant plus qu'il y a laissé le souvenir d'un travailleur

acharné, pragmatique, compétent, exclusif. Derrière son allure joviale, c'est un autoritaire.
 Il sera jusqu'au bout un adversaire inébranlable de Laurent Wauquiez. Les deux hommes se détestent à tel point que Xavier Bertrand a claqué la porte de LR lorsque le Lyonnais en est devenu président et qu'il ne l'a réintégré, d'une fesse seulement, que lorsqu'il a voulu concourir pour sa présidence en 2021. Il n'abdique pas. Omniprésent dans les Hauts-de-France qu'il sillonne dans sa voiture-bureau, travailleur comme personne et attentif à tous, opposant vindicatif à Emmanuel Macron, n'ayant pas peur de la démagogie, il l'a encore démontré durant la bataille des retraites, il regarde derechef vers 2027, tout prêt à concurrencer Wauquiez jusqu'au bout et sans merci. Rond dehors, dur dedans.
 Qui d'autre de ce côté-là ? Bruno Retailleau n'en écarte pas tout à fait l'idée. L'influent président du groupe LR au Sénat, le groupe pivot d'une chambre haute qui joue un rôle accru sous le régime de la majorité relative, Bruno Retailleau a démontré face à Éric Ciotti dans la bataille pour la présidence de LR qu'il est un rude combattant. Avec sa silhouette d'écuyer en chef du Cadre noir de Saumur et un visage émacié et austère de provincial des jésuites, avec son regard pénétrant éclairé soudain par un large sourire inattendu, c'est un intellectuel, un homme d'idées, certes fort conservatrices, parfois réactionnaires au sens littéral mais cohérentes, réfléchies, documentées et sincères. Après avoir débuté aux côtés de Philippe de Villiers, avec qui il s'est brouillé et dont il s'est émancipé, il est devenu

Après Macron, qui ?

au petit galop un grand notable, député, président du conseil général de Vendée, président de la région des Pays de Loire, puis président du groupe sénatorial LR. Très respecté au Sénat, on l'imagine assez bien prendre le moment venu la succession de Gérard Larcher au palais du Luxembourg. *A priori* trop conservateur mais pas assez populiste pour une candidature à la présidence de la République, il clive et sera dans la compétition, à son compte ou en précieux allié. Quant au président du Sénat lui-même, il aime trop son palais du Luxembourg pour se lancer dans la course. Il faudrait qu'il passe en 2024 par la case de l'hôtel de Matignon pour y figurer. Ce n'est pas l'hypothèse la plus vraisemblable. Peut-être dommage pour LR.

Aurélien Pradié, lui, se pousse constamment du col. Troisième homme dans la bataille pour la présidence de LR, on jurerait à l'entendre que c'est lui qui a gagné. Se gardant de prendre parti mais poursuivant sa campagne comme s'il n'avait pas été battu, il a négocié habilement la place de numéro deux de LR. Il l'a perdue à force de clashs et de provocations vis-à-vis de son propre groupe parlementaire. Il a parfaitement compris que pour brûler les étapes, il faut prendre le contre-pied de son parti et contredire ses dirigeants. Une recette vieille comme le monde politique. Il a également perçu très tôt qu'à l'Assemblée (où Xavier Bertrand ne siège pas) la droite régalienne laissait grand-ouvert l'espace de la droite sociale. Il s'y est rué, sans craindre la démagogie. Il a du talent, du nez, de l'audace et un individualisme forcené. Incontestablement populaire dans son département du Lot, pourtant de gauche, il l'est beaucoup moins au Palais-Bourbon où son individualisme, son arrogance et ses éclats exaspèrent. Il se distingue à son avantage sur des sujets familiaux comme les handicapés ou les violences conjugales et à son détriment sur le terrain économique et social. Il détonne, il trouble, il avance. Très vite. Trop vite. On devine bien vers où. Wauquiez le surplombe cependant d'une toise.

Autre nom qui se détache – la liste n'est pas limitative et elle est par principe provisoire –, celui de David Lisnard. On parle de plus en plus du maire de Cannes. Il y veille, multipliant chroniques et tribunes qui, c'est rare, attirent effectivement l'attention. En 2020, il a été le maire le mieux réélu de France (par 88,1 % des suffrages) et il s'était réellement distingué pendant la crise du Covid par son énergie et son sens de l'initiative. Il a été élu président de l'Association des maires de France, un tremplin politique bien connu. Ses thèmes de prédilection sont un rééquilibrage des pouvoirs au bénéfice des collectivités locales et surtout la lutte contre la bureaucratie, la dictature très française des normes, des règlements, des législations infinies. Un sujet éternel. Il peste contre l'enlisement des services publics. La presse le traite avec une curiosité positive, séduite par son allure de skipper et sa vitalité. Il a déjà son propre club, « Nouvelle Énergie », son biographe, deux livres (en collaboration). Il va vite, il court bien, mais il n'a pas encore eu de siège au Parlement ou au gouvernement. Ce marathonien ne doit pas oublier de ménager son souffle.

Après Macron, qui ?

Du côté de la gauche et de l'extrême gauche, Insoumis exclus puisqu'ils ont déjà été passés en revue, il n'y a aujourd'hui aucun candidat déclaré. On sait par expérience qu'il y aura deux candidats trotskistes, aux scores de plus en plus résiduels. Il est plus que probable que Fabien Roussel voudra porter de nouveau les couleurs du PC. Le secrétaire national du Parti communiste n'a certes obtenu que 2,28 % des voix en 2022 mais sa campagne a été remarquée et sa figure s'est imposée. Il a progressé en notoriété et il a su conquérir une image sympathique avec un style direct, des formules populaires accrocheuses. Il ne désespère pas de ramener un électorat vers le PC. L'homme vaut en tout cas mieux que son programme. Il ne se laisse pas impressionner par les Insoumis. Si Jean-Luc Mélenchon n'est pas candidat, il peut mordre sur son électorat.

Les écologistes ne sont pas non plus intimidés par les Insoumis, *a fortiori* si ceux-ci étaient privés de leur leader charismatique mais eux aussi ont grand besoin de redresser la barre après un score l'an dernier très inférieur à leurs espérances. Mais avec quel candidat ? Yannick Jadot, le moins déraisonnable d'entre eux – tout est relatif –, a subi une cinglante défaite personnelle et est minoritaire dans son parti. L'hypothèse Sandrine Rousseau enchanterait les journalistes, chacune de ses déclarations déclenchant un tintamarre extravagant. Mais est-ce le bon moyen d'attirer les électeurs ? Quant à la nouvelle secrétaire nationale Marine Tondelier, à peine élue, cette militante discrète s'est métamorphosée en épouvantail avec des déclarations surréalistes, allant jusqu'au complotisme, ultra-radicale comme Sandrine Rousseau mais beaucoup moins talentueuse. Les écologistes ne manquent pas de pugnacité mais de crédibilité. Ils sont porteurs de convictions fortes et impressionnantes mais totalement dépourvus de visage présidentiable.

Restent les socialistes, les plus traumatisés de tous par l'élection présidentielle de 2022. Depuis, ils se sont déchirés plus encore que d'habitude. La guerre des trois entre le Premier secrétaire Olivier Faure, le maire de Rouen, Nicolas Mayer-Rossignol, et la maire de Vaulx-en-Velin, Hélène Geoffroy – le premier partisan zélé de l'alliance au sein de la NUPES, le deuxième partisan critique, la troisième adversaire résolue de l'alliance –, cette guerre donc a débouché sur un quasi-match nul, précédé par des polémiques furieuses et des accusations réciproques de fraude, comme aux pires heures du PS. Si Olivier Faure avait le projet d'être candidat en 2027, le moins que l'on puisse dire est qu'il n'a pas progressé dans cette direction à l'occasion du congrès de Marseille. Il conserve sa fonction, il perd son autorité. Nicolas Mayer-Rossignol s'est fait connaître à cette occasion. Sera-t-il tenté par une candidature présidentielle ? Il a démontré des qualités de tacticien et de polémiste cinglant. Il passe pour un bon gestionnaire de sa mairie de Rouen. Il faut cependant plus de quatre ans pour construire une stature de présidentiable. Il a repoussé la tête de liste pour les élections européennes de 2024 – l'accepter eût ressemblé à se vendre pour un plat de lentilles –, c'est pourtant la principale occasion de se faire connaître d'ici à 2027. Reviendra-t-il sur son refus ? Ou bien Carole Delga, la présidente de l'immense région Occitanie/Pyrénées-Méditerranée, se mettra-t-elle sur les rangs ? On parle d'elle et elle est très active. Elle dispose d'une solide expérience (maire, députée, secrétaire d'État), d'une très solide influence dans le Midi de gauche. Elle a de l'appétit. Elle n'a pas de sympathie pour les Insoumis. Elle est vive, cordiale, directe mais inconnue à l'échelle nationale. Elle aussi ne devrait alors pas tarder à se lancer. Après 2024, le temps galopera.

En fait, chez les socialistes, la liste est encore vide dans la mesure où les deux seules personnalités d'envergure nationale – François Hollande et Bernard Cazeneuve, les deux seuls à pouvoir prétendre au statut d'hommes d'État – se situent plus ou moins en retrait. Le premier cependant très attentif, très présent, souvent percutant. Ses livres lui donnent l'occasion de sillonner la France. Il a reconquis sa popularité et n'a rien perdu de son intelligence politique. Il est persuadé qu'il existe un espace potentiel pour une gauche réformiste. C'est sans doute vrai. Peut-il l'incarner ? Se contenterait-il de la parrainer ? A-t-elle l'espace pour resurgir avant 2027 ? Bernard Cazeneuve avance davantage ses pions, avec prudence, avec méthode mais de plus en plus visiblement. Il devient un habitué des émissions politiques. Il a lancé son club, la Convention. Il est aux aguets. Encore faut-il qu'une occasion se présente, par exemple à l'approche des élections européennes.

Le Prince balafré

L'hypothèse Glucksmann à la tête d'une liste socialiste d'ouverture ne serait pas une bonne nouvelle. Eux deux n'ont évidemment pas besoin de se faire connaître, mais ils portent le fardeau d'un échec de la gauche. Ils ont la dimension mais peut-être plus le pouvoir d'attraction. En leur absence, confirmée ou pas on le verra plus tard, d'autres hypothèses existent (Boris Vallaud ?) mais aucune ne s'impose et surtout aucune ne semble à l'heure actuelle capable de se construire en un laps de temps si réduit.

Pour le reste, Nicolas Dupont-Aignan tentera probablement encore une fois sa chance, aux confins de l'extrême droite, entre nationalisme et démagogie, espérant bénéficier du renfort qu'il peut apporter à Marine Le Pen au second tour de l'élection présidentielle. Quelques figures peuvent toujours surgir, comme un Arnaud Montebourg ou dix autres, mais leur terrain semble minuscule.

Et puis, restent Éric Zemmour et Marion Maréchal. Eux disposent de la notoriété, d'une base militante, de ressources financières. La stratégie de respectabilisation de Marine Le Pen leur laisse un espace auprès de ceux qui sont acquis aux nostalgies identitaires et culturelles, à un patriotisme virulent, à un rejet obsessionnel des immigrés. Ils ont une base de départ électorale modeste mais réelle, un talent de communication, un positionnement idéologique aussi sulfureux que théâtral, encore embrasé par le nouveau livre d'Éric Zemmour. Se mettront-ils d'accord sans drame sur qui, d'elle ou lui, en portera les thèses ? Une querelle serait

Après Macron, qui ?

évidemment suicidaire. Oseront-ils présenter une liste aux élections européennes et si oui, comme probable, qui des deux la mènera ? À défaut de se lancer, ils risquent – les élections municipales n'étant pas faites pour eux – de rester deux ans en spectateurs contraints. Leur niche nationaliste constitue cependant un mystère dans la distribution des rôles pour l'élection présidentielle, car leur présence peut écorner le capital de Marine Le Pen et handicaper l'éventuelle reconquête des Républicains. Faute de pouvoir espérer pour eux-mêmes plus qu'un score de premier tour, peut-être peuvent-ils troubler la trajectoire de leurs deux voisins immédiats. Ils ne constituent certes pas la principale variable à venir, ils pèseront d'un poids incertain mais leur rôle reste l'une des énigmes d'un scrutin qui peut devenir dramatique avec l'ascension de Marine Le Pen.

Conclusion
Le prince balafré

En 2017, Emmanuel Macron avait surgi dans le rôle flatteur du candidat le plus atypique. En 2023, il s'est installé dans le fauteuil inconfortable du président le plus atypique. Il n'est pas seulement le plus jeune chef de l'État depuis le début de la Ve République, il est aussi le moins classique. C'est un homme de pouvoir, comme ses sept prédécesseurs mais, contrairement à eux, il reste un néophyte en politique. Tous, sauf François Hollande, avaient exercé durant des années d'éminentes fonctions gouvernementales avant d'entrer au palais de l'Élysée. Lui, pas. Tous sans exception avaient longuement vécu la vie interne et tumultueuse des partis politiques. Lui, pas. Depuis un demi-siècle, tous avaient été accusés d'avoir, comme présidents, lourdement transgressé leurs promesses de candidats. Lui est en revanche vilipendé pour oser, avec sa réforme des retraites, imposer ce qu'il avait annoncé. Il est encore le seul à avoir été réélu sans passer par l'épreuve préalable d'une cohabitation, le seul aussi à s'être vu infliger par les Français le purgatoire d'une majorité nettement relative. En 2017, son élection avait suscité une vague inhabituelle d'optimisme, en 2022, sa réélection a eu lieu dans un brouillard mélancolique de pessimisme. Avec lui, rien ne se passe jamais comme prévu. Un sondage mené dans de nombreux pays avait appris qu'il passait pour le dirigeant européen le plus marquant. En France, à la même époque, il était devenu un président particulièrement impopulaire sous la Ve République.

Ce n'est pourtant pas un homme sans qualités, un président sans qualités. Certes, c'est un autoritaire qui concentre les pouvoirs comme personne. La Ve République privilégie l'exécutif et, au sein de l'exécutif, met le gouvernement au service du chef de l'État. Une logique de verticalité, poussée plus loin que dans aucun autre pays démocratique, États-Unis compris. Emmanuel Macron est, parmi les présidents de la Ve République, celui qui ose en exploiter sans ciller toutes les ressources, bousculant les collectivités territoriales, affrontant les syndicats, se heurtant aux corps intermédiaires, corsetant le Parlement. En ce sens, sa majorité relative ressemble à une sanction légitime.

De surcroît, il parle trop, trop vite et trop haut. Même s'il s'est tempéré depuis le début de son second mandat, la litanie de ses « petites phrases » spontanées est sans précédent (Nicolas Sarkozy lui-même n'allait pas aussi loin) et les formules claquantes de certains discours, *a fortiori* les propos rapportés en provenance du palais de l'Élysée, vinaigrés ou acides, ont eu maintes fois des effets désastreux. Emmanuel Macron est un président maladroit et même imprudent. Il a encore d'autres travers. Sur certains sujets, il tergiverse, il procrastine :

Conclusion

l'écologie, l'immigration et, bien entendu, les nominations. Sur d'autres, il doit consentir à de spectaculaires corrections de trajectoire (le nucléaire), même si pour le coup, aucun de ses prédécesseurs n'a pu échapper à cette nécessité-là. Et puis, c'est presque surprenant, il a plus de charme, d'autorité et de séduction que de charisme.

Presque surprenant car, difficile de le nier, c'est une très forte personnalité. Inclassable, hétérodoxe mais impressionnante : une rapidité intellectuelle presque digne de celle de Valéry Giscard d'Estaing, en moins conceptuelle cependant. Une connaissance des dossiers inégalable qui frappe tous ses visiteurs et surprend plus d'une fois ses interlocuteurs : pas seulement une connaissance médiatique, affichée lors de son fameux « grand débat » à travers la France mais aussi technique, ce dont attestent grands patrons ou diplomates. Une capacité de travail phénoménale, au bas mot quinze heures par jour et cent heures par semaine. Beaucoup de détermination et d'énergie : il n'a pas peur des risques et des transgressions, parfois pas assez. Une culture littéraire, théâtrale, économique bien sûr, mais aussi technologique. Du courage physique comme d'ailleurs tous ses prédécesseurs depuis 1958. Et puis une volonté d'avancer, d'accélérer, de marquer aussi bien sûr, mais encore d'essorer les conservatismes, de briser les blocages, comme on l'a vu si souvent à propos de l'Europe ou de sa politique économique et sociale. Bousculant, choquant, déplaisant, se trompant parfois mais avec une dynamique schumpetérienne, consciemment ou non. Adepte et praticien en tout cas de la fameuse « destruction créatrice » théorisée par le célèbre économiste... fût-ce à ses dépens. Un grand pouvoir de séduction, on l'a vu, une grande aptitude à déplaire.

D'autant plus qu'il se situe souvent à contre-courant et que sa personnalité et ses choix se heurtent à des réalités solidement enracinées et à des circonstances fréquemment rebelles. C'est un audacieux au sein d'une France anxieuse, un réformateur, parfois compulsif, dans un pays conservateur. Un autoritaire face à un peuple égalitaire et même égalitariste, un hardi dans un climat frileux, l'incarnation de l'élite à un moment où celle-ci est furieusement contestée, un président à l'aise dans ce XXIe siècle qui fait si peur aux Français, un prototype politique dans une société fragile, un novateur enserré par une chaîne de crises.

Un prince balafré : prince au sens de Machiavel, c'est-à-dire celui qui conquiert le pouvoir par audace et se maintient par son énergie et son autorité. Mais un prince balafré car contesté, voire rejeté, ne pouvant en tout cas pas se prévaloir de « l'adresse heureuse », propre, selon les termes de l'illustre Florentin, à se concilier les faveurs de ses concitoyens. Emmanuel Macron n'a pas de prédécesseurs qui lui ressemblent. Il n'aura pas de successeur suivant un chemin comparable au sien ou affichant un caractère du même acabit, du moins parmi les prétendants qui se dégagent aujourd'hui. Le prince balafré défie tous les critères de l'orthodoxie politique. Sans doute, comme pour ses devanciers, faudra-t-il attendre dix ou vingt ans

Conclusion

pour évaluer vraiment la marque de ses deux mandats. Quant à sa personnalité, on voit bien qu'elle n'est pas faite pour dégager un quelconque consensus. En ce qui le concerne, la seule certitude est qu'il passera pour le plus original, le plus déconcertant, le plus urticant des chefs d'État de la Ve République. Décidément plus schumpetérien que machiavélien.

Table

Introduction. Les Français et leurs présidents 9

Chapitre 1. Une élection par défaut 15
Chapitre 2. La présidence relative 55
Chapitre 3. Le président des crises 99
Chapitre 4. Le retour de la haine 147
Chapitre 5. La régression de la démocratie française 183
Chapitre 6. Après Macron, qui ? 219

Conclusion. Le prince balafré 259

Du même auteur *(suite)*

De Gaulle-Mitterrand. La marque et la trace, Flammarion, 1991 ; LGF, 1993.
Les Habits neufs de la politique, Flammarion, 1989 ; Folio, 1990.
Le Ve Président, Gallimard, 1987 ; Folio, 1988.
Le Complexe d'Astérix. Essai sur le caractère politique des Français, Gallimard, 1985.
Les Prétendants, Gallimard, 1983 ; Folio, 1985.
La République de Monsieur Mitterrand, Grasset, 1982.
La République giscardienne. Anatomie politique de la France, Grasset, 1980.
Histoire du Parti communiste français de 1920 à 1976, avec Jacques Fauvet, Fayard, 1964-1965 ; nouvelle édition revue et augmentée, Fayard, 1977.

*Composition et mise en pages
Nord Compo à Villeneuve-d'Ascq*

CET OUVRAGE
A ÉTÉ ACHEVÉ D'IMPRIMER
SUR ROTO-PAGE
PAR L'IMPRIMERIE FLOCH À MAYENNE
EN AOÛT 2023

N° d'impression : 103070
Imprimé en France